Julius Stone

西方著名法哲学家丛书（第一辑）

吕世伦　徐爱国 主编

斯 通：

法的综合解读

薄振峰◎著

黑龙江大学出版社
HEILONGJIANG UNIVERSITY PRESS

图书在版编目(CIP)数据

斯通:法的综合解读/薄振峰著. —哈尔滨:黑龙江大学出版社,2009.6

(西方著名法哲学家丛书. 第1辑/吕世伦,徐爱国主编)

ISBN 978-7-81129-166-7

Ⅰ.斯… Ⅱ.薄… Ⅲ.斯通,J.(1907~1985)-法哲学-研究 Ⅳ.D90

中国版本图书馆CIP数据核字(2009)第090101号

责任编辑:孟庆吉

封面设计:张　骏

斯通:法的综合解读

SITONG:FA DE ZHONGHE JIEDU

薄振峰　著

出版发行	黑龙江大学出版社
地　　址	哈尔滨市南岗区学府路74号　邮编 150080
电　　话	0451-86608666
经　　销	新华书店
印　　刷	黑龙江省委党校印刷厂
版　　次	2009年7月　第1版
印　　次	2009年7月　第1次印刷
开　　本	880 mm×1230 mm　1/32
印　　张	5.5
字　　数	140千字
书　　号	ISBN 978-7-81129-166-7

定　　价　17.00元

凡购买黑龙江大学出版社图书,如有质量问题请与本社发行部联系调换

总 序

人类的法律文化或法律文明，可以区分为法律制度和法律思想两大载体。法律是硬结构，法律思想是软结构。历史地看，它们共生并相互渗透和依存。比较而言，法律制度通常趋向于稳定和迟滞，而法律思想则显得敏锐和活泼。由于此缘故，一个时代的法律文化变迁，总不免表现为法律思想为先导，法律制度随之产生或变革。

中国为古老文明的大国，原本有自己独到的法律传统，也有自己的法律思维范式。临到清末，在西方列强的入侵和文化的冲击下，中国法律文化传统出现断裂，开始发生历史性的转型。早些时候，中国人学习日本，而日本的法律又来自于西方的德国。晚些时候又学习前苏联的法律，中国法律传统又增添了社会主义法律的色彩。这样一来，我们现今的法律同时是中国传统法律、西方自由主义法律和社会主义法律的混合体。反过来也可以说，我们的法律既欠缺中国传统，也欠缺东洋（日本）和西洋（欧美）的法律传统。法律职业者们所学和所用的是西方的法典，而要解决的则是中国社会本身的问题。

不可否认，近代以来的西方法律是摆脱人身依附关系及倡导民主与法治的先行者。因此，对它不应当亦不可能漠然对待，更不能简单地予以排斥。不过，在东西方有重大差异的法域，法律职业者生搬硬套西方的法律理念处理中国的问题，就意味着粗暴地对待了中国的社会。另一方面,当法律职业者们这样做的时候,又没有真正弄懂西方法律制度得以建立的法律理论,这又粗暴地对待了西方法律。中国学习西方法律已是历经百余年的不争事实。现今,法律制度的趋同化与各民族法律个性的减弱,是法律发展的一般模式。面对此种时代的大趋势,我们要做的不仅仅是要建立现代的法律体系,更重要和更深层次的在于弄清作为西方法律制度底蕴的法律思想。换言之,法律的研究和运用,只停留在法律制度的建立及相关资料的整理和解释上是远远不够的,而应该是法律规范与法律精神的统一。善于从法律制度中寻找法律的精神,从法哲学的抽象中探取法律实践所隐含的意义,才是中国法律职业者的共同任务。

从中西法律制度借鉴的角度看,我们更多地移植了西方的法律制度,而对西方法律精神则关注不足,主要表现在没有把握到西方法律的精髓。只有法律制度的引进,没有法律思想的参详,如同只有计算机的硬壳而无计算机的软件;没有法律的思想而实施法律的制度,那么法治的运行便成为无从谈起的问题。理解、消化和应用西方法律制度中所包含的法律理论,是我们继续和深化法律现代制度的紧迫任务。正是基于这样的考虑,我们决定编写一套西方法哲学家的学术传记丛书。

西方法律思想存在于西方法哲学家的脑子里,表现在他们各具特色的个人生活之中,物化于他们的法律著作之内。每个法哲学家的思想各不相同,但是同一时代的一批法学家则代表了那个时代的法律思想文明。同样,每个时代法学家的思想也各不相同,存在着主流与非主流甚至逆流的思想观点的交叉与对立。几千年西方法律思想家的理论传承,构成了西方法律思想史的全景。基于这样的认识,本套丛书的着眼点是法学家个体。通过每个法学家独特的经历、独特的思考和独特的理论,我们能够把握西方法律传统的精神和品质。

今天,我们正在建立和完善中国特色社会主义的法律体系。这首先就要求有充实而有效的中国特色社会主义法律理念。中国特色社会主义法律理念要在马克思主义法律观的指导下，广泛借鉴古今中外的法律精神遗产，尤其要“立足中国，借鉴西方”才能达成。

是为序。

吕世伦　徐爱国

2008年12月

目录

导言　法理学范围的重新界定

美国著名法学家哈罗德·伯尔曼在其名著《法律与宗教》中指出,新的时代将是一个"综合的时代",综合意味着法律新纪元的到来。虽然他的论述是针对西方近代以来法律与宗教之间隐喻的断裂,力图重新综合二者的关系而言的,但他恰也道出了20世纪以来西方法学发展的一个趋势,即"综合"。

一、20世纪法学思想中的综合趋势

在西方法学史上长期存在着三大法学派之间的论战。自然法学从古希腊产生,中经神学自然法、古典自然法,又经一个多世纪的低潮,到20世纪出现了复兴之势。从起源到今天,自然法学的内涵及形式多有变化,但强调法是理性的体现,注重研究法的道德原则和价值判断是自然法学的共同特征;而分析法学否认法律和道德的联系,强调依靠逻辑推理对法律概念进行分析;作为法律社会化运动产物的社会学法学注意研究社会事实,强调法律和社会现实的结合,注重法律的社会目的和社会效果。三大法学派分别强调法律的价值、形式和事实,围绕法的一系列问题长期论战,演绎了西方法学史上热闹的竞争场面。

20世纪以来,在西方法学中悄然出现了一种新的趋势,那就是法学研究的综合趋势。这种趋势的最早预言者是庞德,他号召在西方法学实现"大联合",这种联合包括法学与其他社会科学的联合,也包括法学各派之间的联合。随着时间的推移,这种综合趋势日益明显。归纳起来,西方法学的综合趋势表现在以下三个方面:首先是三大法学派的相互接近与“合流”。自从庞德提出各个法学派别的“大联合”后,三大法学派的代表人物自觉或不自觉地吸收对方的观点,向其他派别靠拢。施塔姆勒的“内容可变的自然法”、富勒的“程序自然法”、哈特的“最低限度内容自然法”、狄骥的“客观法”都体现了三大法学派的“合流”。西方法学综合趋势的第二个表现是一个企图综合三大法学派并与之抗衡的新的法学派别——综合法学的兴起。它的代表人物霍尔、斯通、博登海默、伯尔曼等人批评三大法学派的偏执,主张法律是价值、形式和事实的统一,因此应建立一个将这三个要素结合起来进行研究的“适当的”法理学即综合法学。第三,其他法学派别的代表人物的思想中也体现出这种综合趋势。这在拉斯韦尔和麦克道格尔的法律政策学、斯蒂格·乔根森的多元论法学、佩雷尔曼的新修辞学法学中都有明显的表现。

在综合法学的倡导者中,朱利叶斯·斯通是其中的佼佼者。他在法学殿堂中一生耕耘,在法理学和国际法领域获得了世界性声誉,成为国际级的法学大家。在法理学思想中,他主张要对三大法学派分别关心的问题:形式、价值与社会事实进行综合的研究。斯通也并非简单的倡导综合,仅仅对三个学派进行拼盘式的研究。斯通的研究深入到了这三个问题的内部,不管是在哪个领域,他都有独到的发现。在法律与逻辑的关系中,他发现了逻辑和法律推理的局限性,提出仅凭严格的三段论是不可能得出一个唯一正确的判决的,法官是在“选择的空间”中作出判决的。在作出判断时,他要考虑正义的因素和社会事实的因素。在正义问题上,斯通考察了从希腊和希伯来以来的正义观念,认为这些正义观念都陷入了一种或绝对或相对的既定框架之中,要真正理解正义问题,必须超越“绝对”与“相对”这一既定框架,采取一种实用主义的正义观。他认为并没有一种绝对的正义标准,有的只是“此时此地”的正义,他得出了九个“准绝对”的正义标准,并认为人类争取正义的过程也就是争取“正义飞地”(enclaves of justice)的过程。在社会学法学一面,他认为,要沟通“实然”和“应然”,法律是保护利益的手段,是一种社会控制的工具,目的在于实现正义,实现和当前的社会事实相联系的正义,即他所说的“正义飞地”。这样,自然法学派、分析实证主义法学派和社会学法学派所分别研究的问题就在他的理论中得到了统一。

二、朱利叶斯·斯通生平简史

朱利叶斯·斯通(Julius Stone)

朱利叶斯·斯通(Julius Stone)1907 年出生于英国约克郡的利兹。其父以色列·斯通(Israel Stone)是出生于立陶宛的犹太人,因为19 世纪东欧反犹情绪的上升而移居英国。斯通的幼年时光是在利兹的“一个工业区的贫民窟”(an industrial slum)中度过的,此时犹太人在经济和政治上都受到歧视,而幼时的记忆积淀在斯通的心灵深处,深刻影响了他的人格倾向与学术关注。社会平等与人类正义、人类权利及其法律保护,是构成斯通一生学术追求的重要内容。而贯串他一生的犹太复国主义思想,也由此而打下基础。1925 年,斯通进入牛津大学学习历史,后学法律,主要是国际法。1928 年获法学院一等人文学术学位。1930 年获三一学院二等民法学学士学位。同年,获利兹大学法学硕士学位。1931 年,斯通获洛克菲勒资金资助,来到美国哈佛大学,第二年获法学博士学位(SJD)。1936 年,斯通获牛津大学民法学博士学位(DCL)。在哈佛期间,斯通发表了四篇极有分量的论文①,出版了两部专著,即《少数族裔权利的国际保障:国际议事规程的理论与实践》②和《少数族裔权利的地区保障:对于上西里希亚少数民族问题的研究》③。为他以后的研究奠定了基础。从 1934 年起,斯通先后执教于哈佛大学和 Flecher 大学,在这期间,他受到了时任哈佛大学法学院院长的罗斯科·庞德思想的深刻影响,庞德对他的影响也

---

① 这四篇论文分别是:1) The Rule of Exclusion of Similar Fact: England, in Harvard Law Review(1933), at 954 - 985; 2) The Law Governing Rights in Property under a Pre - Nuptial Contract, Acorrding to the English and American Cases, Boston University Law Review(1933), at 19 - 33; 3) Cross - examination by the Prosecution at Common Law and under the Criminal Evidence Act, 1898: A Commentary on Maxwell v. Director of Public Prosecutions, in 51 Law Quarterly Review(1935) 443 - 466. 4) A Critique of Pound's Theory of Justice, in 20 Iowa Law Review(1935), at 531 - 550.

② Julius Stone, International Guarantees of Minority Rights: Procedure of Council of the League of Nations in Theory and Practice, Oxford University Press, 1932.

③ Julius Stone, Regional Gurantees of Minority Rights: A Study of Minorities Procedure in Upper Silesia, The Macmillan Company, 1933.

奠定了他以社会学法学为主的学术路向。1936 年,庞德从法学院院长的位置上退休,与庞德长期不和的费理克斯·法兰克夫特(Felix Frankfuter)接任法学院院长一职后,马上解聘斯通。斯通回到英国,受聘于利兹大学。1938 年,新西兰奥克兰大学法学院法理学教授兼法学院院长一职空缺,斯通应聘前往。从1939 年始,斯通定居奥克兰,任法学院院长和法理学与国际法教授。1940 年,澳大利亚悉尼大学法学院法理学教授查特斯病逝,另一位教授帕登也将于翌年退休,两个职位空缺,悉尼大学在英联邦范围内公开招聘教授。斯通前往应聘,但由于斯通的社会学法学的学术路向不被当时的澳大利亚学术界所接受,并且也由于他的犹太人身份,他的应聘受到了学校当局的阻挠。经过一番波折,斯通终于在 1942 年就任悉尼大学查里斯法理学和国际法教授。[①] 在悉尼大学期间,斯通发表了大量的作品,内容涉及法理学和国际法两大领域。在法理学方面,1946 年,斯通出版了《法律的范围与功能》,一时之间,好评如潮,斯通由此著而成为有世界性影响的法学家。在这部著作中,斯通把法理学的研究范围界定为逻辑、正义与社会事实。在这三个问题上,斯通都表达了不同凡俗的识见。它的涉猎范围之广,被人称为"相当于将十部著作融于一身"[②],它对法理学各个方面问题的论述是如此深入,有人称赞说是"关于法律理论的最全面和最彻底的审视之一"[③],"它已经成为英美传统中最好和最全

---

① 此段公案可见:Leonie Star, Julius Stone: An Intellectual Life, Oxford University Press in association with Sydney University Press, 1996. 中文分析见许章润:《法律理性与人类正义——对于朱利叶斯·斯通教授聘任案的社会——学术史分析》,收入许章润著《法学家的智慧——关于法律的知识品格与人文类型》,清华大学出版社 2004 年版。

② Max Rheinstein, review of Julius Stone, The Province and Function of Law, in University of Chicago Law Review, 16,1948 ~ 1949, p. 756.

③ J. D. Hyman, Concerning The Responsibility and Carftsmanship of Judge: A Review of Julius Stone´Legal System and Lawyers´Reasonings, in Buffalo Law Review.

面地审视和分析法理学的重要问题的著作之一"[①]。《法律的范围与功能》以后多次再版,产生了广泛的影响。[②] 后来,斯通将他在《法律的范围与功能》中的思想扩展为他著名的三部曲:《法律体系与法学家推理》、《人类法律与人类正义》和《法律与正义的社会维度》,对上述三个问题进行了更加深入的论述。在悉尼大学期间,斯通兼任了包括美国哈佛大学在内的多所大学的兼职教授,并且积极参加电台的讲话,对国际问题发表意见。斯通在法理学和国际法领域关心的问题是社会正义与人类权利问题、少数民族权利的保护问题,作为一个犹太人,他非常关心犹太复国问题,并在这一问题上发表了大量的作品。1972 年,斯通从悉尼大学法理学和国际法查里斯教授职位上退休后,入新南威尔士大学法学院。1985 年 9 月,朱利叶斯·斯通病逝。两个月后,他的最后一部著作《判例与法律:普通法发展的动力》[③]出版。

对因为自己的犹太身份而受到的歧视刻骨铭心,斯通一生的学术旨趣都在关心人类权利与社会正义,在国际法领域如此,在法理学领域也是如此。他的成名之作《法律的范围与功能》副标题为:作为逻辑、正义与社会控制的法律,而对此进行进一步论述的三部曲也是围绕这三个问题展开的。他的理论的最终目的在于通过法律实现社会正义。他的次子约翰瑟·斯通对他父亲进行评价说:"正是愤怒、严格的学术自律和对于正义的追求,使斯通成为一个特立独行之士。对于人世间种种不公正的愤怒,激发他从一个被奴役被侮辱的社会阶层,奋取

---

① Felix S. Cohen, review of Julius Stone, The Province and Function of Law, in Yale Law Journal, 59,1949,p. 177.

② Julius Stone, The Province and Function of Law: Law as Logic, Justice and Social Control, Sydney: Associated General Publications Pty LtD,1946; Cambridge, Mass: Harvard University Press,1950,1961; Buffalo: William S. Hein and Co. Inc. 1968; London: Stevens Sons,1968.

③ Julius Stone, Precedent and Law: Dynamics of Common Law Growth, Butter-worth Pty Ltd, Sydney,1985.

世界级的学术成就。而正是严格的学术自律，与其满腔的怒火一张一弛，维护了学术的理性和尊严。”[①]在《人类法律与人类正义》的结尾，斯通写道：“在正义与人类生活的任何意义上，一个阻止将正义作为一种充满困境、诡谲与挑战的难题而对之持续不懈的进行追寻与拷问的社会，势必是非人性的。”[②]

三、法律是逻辑、正义与社会事实：斯通对法理学范围的重新界定

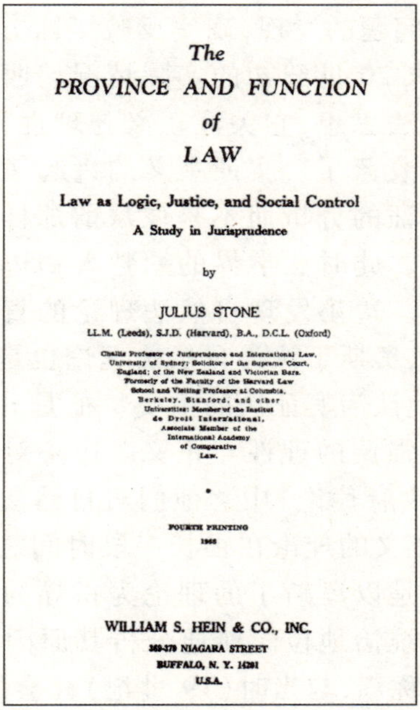

The
PROVINCE AND FUNCTION
of
LAW

Law as Logic, Justice, and Social Control
A Study in Jurisprudence

by

JULIUS STONE
LL.M. (Leeds), S.J.D. (Harvard), B.A., D.C.L. (Oxford)

Challis Professor of Jurisprudence and International Law, University of Sydney; Solicitor of the Supreme Court, England; of the New Zealand and Victorian Bars. Formerly of the Faculty of the Harvard Law School and Visiting Professor at Columbia, Berkeley, Stanford, and other Universities: Member of the Institut de Droit International, Associate Member of the International Academy of Comparative Law.

FOURTH PRINTING
1968

WILLIAM S. HEIN & CO., INC.
369-379 NIAGARA STREET
BUFFALO, N. Y. 14201
U.S.A.

斯通的《法的范围与功能》
英文版封面

---

① Leonie Star, Julius Stone: An Intellectual Life, Oxford University Press in association with Sydney University Press, 1996, xii.

② Julius Stone, The Province and Function of Law: Law as Logic, Justice and Social Control, Sydney: Associated General Publications Pty Ltd, 1946, p. 355.

斯通在大学里先学历史,后学法律,主攻专业是国际法。但他很早就显示了对法理学的兴趣。尽管在牛津所受的教育激励他作进一步学术的研究,但斯通感到,他在那里学到的法理学知识有限而且保守。在英国和那些法律受英国影响的国家,对讲授实用法律学科的强调使法理学落后于对普通法的研究。尽管到20世纪中期,法理学在英国法学教育中是一门必修科目,但其研究一般仅仅限制于分析法学,这明显是受了奥斯丁开创的分析法学和梅因所着力强调的历史法学的影响。

斯通对这一问题的发现,确实反映了西方法学特别是英国法学在19世纪末20世纪初的实际情况。西方最源远流长的法学思想是自然法思想,它关注正义与理性,但它在完成号召革命的任务后却衰落了。实证主义的兴起使人们更多地对法律进行逻辑与实证的分析而不是像从前那样对法律进行正义与否的道德判断。此时法学界的翘楚人物边沁和奥斯丁都不相信自然法理论。边沁发现自然法理论的直觉主义是他建立功利理论的障碍,奥斯丁认为自然法理论也是他对法律进行实证研究的障碍,他认为实证法的主要特征是分析性与强制性而非自然法学家所强调的理性与正义。边沁对自然法的攻击主要表现在他的《政府片论》中。他们对自然法的攻击是如此有效,以至于关于正义的理论在很长一段时间之内都没有恢复元气。随之而起的是以奥斯丁的理论为指导的分析法学在西方一个多世纪内的统治地位。斯通分析其原因时说:"奥斯丁主义的兴起与长期称霸,与当时(19世纪)社会的特征不无关系。英国式的保守主义和长期的判例法传统无疑发挥了重要作用。但是英国相对稳定的经济和社会发展以及对当前境况的信念和满足是它的实在基础。"[①]从18世纪中期开始,出现了一个新的法学派别,也就是研究法律和社会间的关系,或以各种形式

---

① Julius Stone, The Province and Function of Law: Law as Logic, Justice and Social Control, p. 11.

表现的社会学法学。紧随萨维尼和梅因历史法学的是“社会学”、“经济学”、“心理学”法学，这些新的思想虽然名称不同，形式各异，但其中心主题无非是法律与社会之间的关系。这一研究路向传入美国，其在美国的早期代表人物霍姆斯在1886年告诉哈佛法学院的学生：“如果研究法律，你必须熟悉人类学、政治学、经济学、立法理论、伦理理论和其他许多有关人类生活的知识。”[①]经百余年的发展，社会学法学在现代西方已占主导地位，称其为法学研究中的显学当不过分。但在斯通写作的年代，社会学法学尚没有达到像今天这样的显赫地位。我们可以看到，此时的西方法学界，自然法理论尚未恢复元气，社会学法学的成熟尚待时日，二者在法学教育中都没有获得像分析法学那样的地位。斯通认为，当时“没有一个法学家认为值得写一本教材对法理学中的伦理学分支和社会学分支进行全面的研究”[②]。斯通相信分析法学在19世纪和20世纪上半期的英语国家对法理学起了束缚作用。而当时英语国家的法理学教材倾向于分析方法，兴趣集中于对特定和具体的法律体系的逻辑与实证分析。一个有代表性的例证就是萨尔蒙德的《法理学》，此著作着重于对英国法进行奥斯丁式的分析。在当时的英国以及其他一些英语国家(包括澳大利亚)，大学的通用教材就是萨氏的《法理学》。这种传统教材倾向于对法律规范以及法律中的概念如所有权、占有、责任和义务进行论述。斯通认为，这种对分析法学的过分强调限制了西方法学的发展，也与当今这个变化的社会不相适应。他说：“在一个通过法律的社会控制快速扩展的时代，我们仍然讲授着满足自由竞争时代需要的法理学。在一个社会冲突与矛盾弥漫于法律中的每一领域的时代，我们仍然讲授着建立在幻想的一致性基础上的法理

---

① O. W. Holmes, The Law as a Profession, 20, America Law Rrview, 1886, p. 741.

② Julius Stone, The Province and Function of Law: Law as Logic, Justice and Social Control, p. 13.

学,我们仍在设想着真正的问题是法律如何才能被视为是一个逻辑上自我包容的体系。在一个连基本的法律概念都处于变动中的社会,我们却还认为法律是静止的,能很轻易地被分解和还原。”①因此,必须改变当前这种现状,对法理学的范围进行重新的界定。

斯通认为,“按照当前的假设,法理学是通过法学家的外向性(extraversion)来认识的。它是法学家按照来自于其他学科而非法律的知识对法律的原则、理念和技术所进行的研究”②。他引用霍姆斯的话说,“要想掌握任何知识的分支,你必须掌握与之相关的东西”③。他认为,为满足当前的需要,20世纪的法理学应有如下三个主要的分支。④

(1)分析法学。它是对法律术语的分析以及对法律命题之间的逻辑关系的研究。分析法学试图证明法律规范在多大程度上形成一个逻辑上自我协调的体系。

(2)社会学(或功能的)法学。它致力于观察、说明和概括法律对人的影响和人对法律的影响。它的任务在于描述与分析法律与社会之间的关系。

(3)关于正义理论的法学。这一分支致力于对法律的内容或效果或目标进行一种“应当”的评价。它包括但超越了传统的关于正义的理论。

斯通的著作《法律的范围与功能》正是在这三个问题上展

---

① Julius Stone, The Province and Function of Law: Law as Logic, Justice and Social Control, p. 40.

② Julius Stone, The Province and Function of Law: Law as Logic, Justice and Social Control, p. 24.

③ O. W. Holmes, The Law as a Profession, 20, America Law Rrview, 1886, p. 741.

④ Julius Stone, The Province and Function of Law: Law as Logic, Justice and Social Control, p. 24.

开论述。[①] 斯通在《法律的范围和功能》中的主要观点是法律的稳定性与变动性、对正义的追求、法律与社会的相互作用，他认为完整的法理学应该包括这三个部分，他的主要目标是寻根探源，找寻曾经被忽略或误读的东西，他相信应该对法律进行多角度的观察，他着手纠正欧洲和当代英美法理学家经常忽略正义理论和法律在社会中的实现的事实，他对法律基础的研究，目的在于使法律的教学符合法律职业的最终目标。而他的三部曲也正是在这三个问题上展开了进一步的论述。“斯通的优点就在于他不将法理学看做这样一幕糟糕的戏剧的图景，即，在这样的戏剧中，人们在舞台上将他们的前辈杀光。”[②]他具有这样的远见，将法理学看做是合作的人类事业，这是一个经过许多代人的努力进行扩展的事业，是一个对人们面对的多样的问题进行解决的持续和累积的事业。这种知识的宽容体现在斯通对其他思想家的评价中，这对于当代以及未来的法理学都是弥足珍贵的。虽然斯通没有明确提出一个综合法学的概念，但从他的著作可以看出，他的最终目的是克服法学的褊狭和某一个学派的褊狭，从综合的角度理解法律。

---

① 其他学者也提出过与斯通相似的思想，1944 年，曾在英国、澳大利亚、加拿大和美国任教的法哲学家沃尔夫冈·弗里德曼（Wolfgang Friedmann）出版了《法律理论》一书，它的目标是要“提供对法律孤立主义的建设性的替代物”，弗里德曼宣称法律理论的基础包括哲学、政治学和经济学，他的著作的几个部分包括对绝对正义的追求、现代社会发展对法律的影响、现代政治运动与它们的法律思想，表明他和斯通的观点非常接近。另一位法学教授帕登（G. W. Paton）在同一年出版了《法理学教科书》，在序言中他承认他的理念受到霍姆斯和庞德的影响，在著作中他以利益为基础对法律进行了分析，但与斯通不同，他几乎没有表现出多少社会学倾向。

② Felix S. Cohen, review of Julius Stone, The Province and Function of Law in Yale Law Journal 59, 1949, p. 177.

第一章　法律逻辑、选择的空间与司法创造性

对于普通法学家来说,法理学需要回答的最为紧迫的问题是法官对待法律的合适态度,在多大程度上他受法律的约束,在多大程度他可以独立于法律。法律秩序不能为一个案件提供现成的答案,法律必然存在漏洞。而且,生活是变化的,法律不能以充分的速度回应这种变化。因此,法官不能完全约束于法律,他们一定要有某种程度的自由。但这种自由会是多大呢?答案必然随着时间和地点的变化而变化。在经历了一个稳定的时期以后,人们发现自己正处于一个急速变动的时期,此时的法官应比过去具有更大的自由。因此就可以将他们完全从法律的约束力中解放出来吗?这是许多现实主义法学家的主张,他们要求法官应从逻辑的枷锁中解放出来。从文字上看,那一要求也意味着法官应从一致性的思想的枷锁中解放出来。法律规则是以一般命题的方式表达的,而案件表现为具体的事实情况,判决是通过三段论作出的。应该放弃三段论的推理模式吗?我们是否可以这样说,在法律没有规定的地方,法官可以构建一个新规则,在法律过时的地方,法官可以对它进行修正?如果我们可以这样做,修改或新创一般规则的自由可以达到什么程度呢?法官在判决中除了逻辑以外还须考虑哪些因素?

斯通也正是在这些问题上展开了他对法律逻辑和法律推理的研究。美国法学家罗伯特·萨莫斯在概括斯通的“法律中的逻辑”的主要观点时说,“法律不能仅仅依靠推理”,“逻辑、逻

辑，多少错讹借你而行”。[①] 逻辑在司法过程中起到一个什么样的作用？依靠严格的三段论推理就会自动产生一个唯一正确的判决吗？如果逻辑不是全能的，它的局限性在哪里？斯通对法律和逻辑关系的研究以及他对法律推理的研究主要体现在他的《法律的范围与功能》的第二部分“法律与逻辑”，以及他的三部曲中的第一部《法律体系与法学家推理》[②]中。另外，在一些文章中，斯通也对这一问题给予了很大的关注。在这些作品中，斯通重点论述的问题是逻辑过程和实际法律运行过程的关系。他特别强调了司法和法学思维的过程，以及逻辑和其他形式的推理在司法和法学思维中的地位。斯通对法律与逻辑和推理问题的研究所关心的最终问题是：逻辑在法学思想和司法中起到什么作用？它的局限是什么？为什么判例法体系会在不断变化的同时表现出稳定的面貌？

第一节　法律体系的稳定与变动

一、法律逻辑研究的性质

斯通一直强调，与法律秩序有关的三个问题分别是：(1)能让我们将组成法律秩序的因素看做是自洽的体系，并且增加我们对它们的逻辑关系的认识的定义、方法和原则的是什么？

---

① Robert S. Summers, review of Julius Stone, Legal System and Lawyers′ Reasonings in California Law Review, 53, 1965, p. 387.

② 斯通在《法律体系与法学家推理》的导论中指出，这一著作的目的就在于“研究法学和司法思想的过程，以及逻辑和其他推理在其间的作用，并在一个不断变动的法律体系中从事这项研究”；而作者对法律中的逻辑和推理进行的研究的目标是：“第一，审视西方在有关法律的本性、范围和功能等主要问题上的研究现状。第二，尽可能地用这一研究所达至的结论来指导司法实践。第三，将研究结果作为进一步研究的思想和理论准备。因为知识的进步不仅意指对所知的东西的理解，而且要指导对未知领域的研究。”(See Julius Stone, Legal System and Lawyers′ Reasonings, Stanford University Press, 1964, p. 2.)

(2)我们寻求的使法律秩序符合的理想是什么?它应为行为受它控制的人们做些什么?(3)它对行为受它控制的人们的态度和行为的实际影响是什么?这些态度和行为对法律秩序的影响是什么?对这三个问题的研究构成了斯通综合法学的整体框架。而对逻辑的研究正是对法律秩序的第一个问题的研究,也是斯通关注的首要问题。但在对逻辑问题进行研究的过程中,斯通一再强调:“我并不是对分析法学进行传统式的研究,我仅仅研究我相信对人们理解法律作出真正贡献的分析法学的那些方面。我也并不认为分析法学在这三个问题中处于中心的地位。”①但对法律逻辑问题的研究,人们会问,比起后两类问题来,我们可以说对逻辑问题的研究独立于那些对正义和社会事实问题的研究吗?斯通认为,除非我们已经有办法解决第一个问题,否则后两个问题都不能得到满意的讨论。这是使对上面列举的第二和第三个问题的研究有价值的基础性论断。这一研究的主要收获是对这一基础性论断给出证明,并且给出一定程度的内容和意义。

对逻辑进行的研究的性质是什么,斯通认为,对法律的逻辑研究从对正义的研究和对社会事实的研究中分离的事实表明,前者是一个理性研究而区别于经验研究。原因在于,首先,分析学家已经给出了他们的法律命题和概念,他并不质疑这些法律命题和概念与现实世界的相关性,也不去追问这些法律命题与概念的内容是否是正义的。第二,它的目的仅仅在于运用形式逻辑探明已给出的命题和概念的内容、结构;或者,它们间的逻辑关系是什么。对于法律逻辑研究的主要目的是“为了考察在逻辑上(三段论的意义上)自洽的法律体系的内容、概念及其自洽的前提是什么”。② 他认为因为多种因素的影响,法律体

① Julius Stone, Legal System and Lawyers´ Reasoning, Stanford University Press, 1964, p. 42.

② Julius Stone, The Province and Function of Law, Maitland Publication Pty. Lit, 1946, p. 47.

系在保持一致性的同时体现出统一体内的变化。

二、法律体系的一致性及其影响因素

斯通在《法律的范围与功能》中指出，他对法律与逻辑的研究主要是为了考察在逻辑上（三段论的意义上）自洽的法律体系的内容、概念及其自洽的前提是什么。① 斯通首先界定了法律体系的概念。他指出："法律体系意指一个法律秩序是逻辑上一致的，从一定意义上来说，整个法理学就是对这一秩序的解释。即使存在一些源自社会的、经济的和心理的能够影响法律秩序的力量和因素，这个法律秩序也能保持这种一致性。这些因素可以通过它在社会中的功能、它对社会的压力、社会对它本身的影响等从外部对法律体系施加影响。"②

整个法律体系能够在逻辑上达到一种自我一致吗？什么因素使它能够保持这种一致性？在《法律体系与法学家推理》中，斯通特别强调了组成法律体系的规范之间的一致性因素。他认为，法律规范组成了一个有秩序的等级组织，这一有秩序的等级组织组成了一个逻辑上自洽的统一体。在这一问题上，斯通明显是接受了分析法学的观点。这一思想在奥斯丁的"法律是主权者命令"的理论中就有所体现。凯尔森的纯粹法学对此作了进一步的发展。凯尔森认为，法律秩序是一个规范体系。既然是一个体系，那么，一个法律规范的效力就必定有一个特定的来源。因为一个规范效力的理由始终是一个规范，而不是一个事实，所以，探求一个规范效力的理由不是从现实中去寻找，而是去发现导致这个法律规范有效力的另外一个法律规范。每一个法律规范都从另外一个法律规范取得法律的效力，"不能从一个更高规范中得来自己效力的规范，我们称之为'基

① Julius Stone, The Province and Function of Law, Maitland Publication Pty. Lit, 1946, p. 47.

② Julius Stone, Legal System and Lawyers' Reasonings, Stanford University Press, 1964, p. 21.

础'规范。可以从同一个基础规范中追溯自己效力的所有规范,组成了一个规范体系或一个秩序。这一基础规范,就如同一个共同的源泉那样,构成了组成一个秩序的不同规范之间的纽带”。[①] 一个动态的规范体系体现为一个以基本规范作为顶峰的层层委托层层授权的规范等级体系,从而也就构成了规范秩序的统一化。

前已述及,斯通和凯尔森一样,认为法律规范可以组成一个有秩序的统一体。但二者还有所不同,斯通认为,除了规范本身组成的有秩序的统一体外,也存在另外的因素能够影响到法律体系的稳定与变化,凯尔森则根本否定这些因素的存在。凯尔森的理论之所以被称为“纯粹”法学,就是因为他宣称:“本书所提出的一般理论旨在从结构上去分析实在法,而不是从心理上或经济上去解释它的条件,或从道德上或政治上对它的目的进行评价。”纯粹法学要求“凡不合于一门科学的特定方法的一切因素都摈弃不顾,而这一科学的唯一目的在于认识法律而不在于形成法律”[②]。与凯尔森这种排除其他因素的“纯粹”理论不同,斯通认为,能够影响法律体系的一致性的还有其他因素。首先,存在于所有法律体系中的“善意”、“理性人”这样的法律标准或模式发挥了重要的作用。除此之外,斯通认为梅因在《古代法》中所提出的“拟制”在保持法律秩序的一致性和连续性方面也起着一定的作用,特别是当剧烈的社会变化对法律规则产生实质性影响时,“拟制”可以起到保持法律秩序一致性的作用,而这与那些有约束力的判决依据的模糊性不无关系。他认为,对于法律体系的一致性,还有一些其他的理论在起作用,如合同、侵权、过失责任的性质、国家行为和国家利益,它们可以在法律秩序之中发挥作用,并且成为对实际的法律从业者

---

① 凯尔森:《法与国家的一般理论》,中国大百科全书出版社1996年版,第2页。

② 凯尔森:《法与国家的一般理论》,中国大百科全书出版社1996年版,第126页。

的传统训练的一部分。

一个国家的法律文化会影响到它的法律体系的一致性吗？斯通认为，法律文化能够起到使本国法律体系趋向一致性的作用，不论法律语言是在本国语言文化之内形成还是外域文化的输入，都是如此。法律人的语言发展出了一种与人们的日常语言不同的法言法语。这种法言法语使法律规范之间彼此相联并使它们与单一的法律文化相联，并且也使法律人之间形成了共同的连接纽带。

他认为，法学理论和法言法语是导向法律秩序一致性的一种特殊的法律艺术或技艺。在这些技艺之中，人们可以发现判例是如何使用的；制定法是如何解释的；给定的环境中允许的司法创造性的范围有多大；司法创造性以何种方式被视为仅仅是对现行法的适用。① 斯通在谈到法律艺术和技术导向法律秩序的一致性时借用了庞德的“传统技术(traditional techniques)”这一术语。他认为无论人们怎么称呼它，这些传统技术都具有实用价值，法律实际从业人员比法学家更加熟悉这些“传统技术”的作用。正是因为具有实际操作性的技术类资源的积累才导致了判例法在不断发展的同时保持了连续性。在这一过程中，群体训练和实践所形成的法律职业的理念就被注入到法律规范和判例之中了。

与法律人的“传统技术”有关并影响法律秩序的一致性的，还有法律人的理念和信念。斯通认为，法律人传统的理念和信念不能与他们的传统技术分开。在反对垄断或奴役合同的政策方面，理念往往比技术更具有连续性。法律人的信念是来自于普通人的信念的，因为他首先是作为一个普通人而存在的，他也将他所珍视的价值认作是不证自明的。但不管这些信念和一般社会成员的需要和信念的关系是什么，一旦它们被纳入

---

① Julius Stone, Legal System and Lawyers' Reasonings, Stanford University Press, 1964, p. 22.

法律,它们就有了自己的生命。无疑,在这些法律人的信念中最有代表性的一种信念是保持法律秩序的一致性,这就要求以最能减少逻辑矛盾和逻辑混乱的方式来安排法律规范,这样才可以促进法律的逻辑一致性。

三、法律秩序统一体内的变化

按照斯通的分析,一个法律秩序所具有的这种一致性是有多种原因的,它"不仅来自于它的各个组成部分的逻辑关系,而且来自于被社会共享或法律人阶层共享的信念、感情和欲望等心理因素,并且也来自将它与社会和物质环境联结的历史联系"。[①] 从多个角度对这一统一体作宏观的观察,会发现整个法律秩序是处于协调一致的关系之中的,这就不同于我们从微观角度观察具体法律规范的运作时所观察到的无秩序状态。法律秩序在宏观上的统一与协调和它在微观上的无序构成矛盾的统一,统一于整个法律秩序之中。

斯通认为,法律秩序是统一的,但也正是在法律领域中最容易产生裂缝和矛盾,因为正是新出现的人类要求的紧张和压力反映出了法律规范的不足。规范间的裂缝和矛盾是变动的法律秩序必然的产物。无疑,立法者在具体的案例中可以解决裂缝和矛盾引起的困难,但是因为法律秩序仍然是变动的,新的裂缝和矛盾会在新的情况下不断地产生,或者从变化的社会引起的新问题中产生。虽然如此,"我们可以将这些变动的因素看做是丰富的交响乐的一部分,即使在剧烈变动的地方仍然表现出一致与和谐"[②]。法律秩序正是体现为统一体内的变化,在我们观察所及范围之内一定是不连贯、不和谐和断裂。斯通借用了梅特兰的话说,普通法可以是一个无接缝之网,然而它

---

① Julius Stone, Legal System and Lawyers' Reasonings, Stanford University Press, 1964, p. 26.

② Julius Stone, Legal System and Lawyers' Reasonings, Stanford University Press, 1964, p. 27.

也是一个具有破口和补丁的网。就像一张渔夫的网，虽然有好多鱼从破口中漏出，但仍然能捕住好多鱼。尽管存在裂缝和不一致，法律秩序仍然是一个功能性的统一体。在这个意义上可以说“法律秩序在一定限度下可以容忍矛盾”。“规范的高度一致性不是法律秩序的必要前提。”甚至“规范的不相容并不必然反映它们的无效力”①。

第二节　法律逻辑的局限

为了说明法律推理的重要性，斯通强调了两点，首先，法官造法；其次，大多数法官不仅否认这一点，而且在他们实际这样做的时候隐藏自己这样做的方式。在斯通写作的年代（1946年），大多数法官和律师相信法官不能行使创造功能，而仅仅是在宣告法律（宣告理论 the declaratory theory），斯通对此评论说：“大部分英国法官将司法判决看做是对现行法的直接运用，或者是从现有原则中所作的逻辑推论。”当时的情况恰也如此，直到1972年才有一个英国法官作了一个权威性的宣告，使人们接受这样的观点，即“宣告理论是一个神话”②。

在《法律的范围与功能》中，斯通就已试图推翻宣告理论。司法创造理论早在斯通之前的奥斯丁和早期美国现实主义法学家的作品中就已得到认识。然而斯通将注意力集中于一个明显的二难推理中，可以表达为先例和与社会变化相联系的英国司法成就之间的紧张。如果存在一个严格的先例体系，现在的判决遵循先前的判决，现在的法院遵循先前法院的决定，法官就没有机会去创造新的法律，普通法法官的创造力量就不会存在，法律变化仅有的途径就是通过立法。虽然如此，斯通并

---

① Julius Stone, Legal System and Lawyers´Reasonings, Stanford University Press, 1964, p. 30.

② Lord Reid, The Judge as Law Makers, Journal of The Society Public Teachers of Law, 12, 1972 - 1973, p. 22.

没有降低先例体系的重要性。斯通在先例体系的隔阂和矛盾中看到了推动司法创造的力量。

按照斯通的理论,因为法官经常以三段论逻辑形式进行推理,困难就随之而来了。他指出,形式逻辑的目的是发现争论能够有效的条件,它仅仅提供了一个形式上的框架。前提或结论是否正确与形式是否正确无关。在法律中建立一个能导向判决的三段论,法律构成了大前提,而事实构成了小前提。大多数法官错误地认为他们投入三段论的大前提和小前提的材料在法律上和形式上是唯一正确的,所以也把从这些前提中得出的结论视为是唯一正确的。

而斯通认为,如果认为一个三段论逻辑能自动地产生唯一正确的判决,这也是一个神话,因为逻辑自身存在无法克服的局限。

一、逻辑关注的是推理的有效性而不是结论是否正确

形式逻辑试图说明,在什么条件下可以从一个前提中得出结论。斯通认为,逻辑学家没有兴趣关心这个结论是否正确。他关注的不是在这个意义上的事实,而是辩论的有效性,关注这一结论是否能从前提中产生。他说,一个数学家可以推论说如果一个人有三个苹果和两个苹果,那么他有五个苹果,但他并不关心是否他实际上会有五个苹果,他也不能通过数学决定一个人是否真的会有五个苹果。斯通在这里初步地讲出了认识到逻辑的局限性的重要性。这种认识有双重的作用,首先,它用一般化的语言介绍了缺乏这种认识所导致的危险。第二,强调这些危险对于逻辑的运用来说不是本来就有的;它不能证明对于逻辑的完全怀疑;在它自身的范围内,逻辑在法律的领域和在其他的知识领域一样,仍然是一个不可或缺的工具。

斯通指出,法律中逻辑的作用和局限来自于逻辑学家的任务和律师、法官、立法者和其他关注法律的人的任务的对立。律师和法官感兴趣的不是一定的结论是否来自于一定的前提,

而是(在社会科学的立场上)这些结论是否正确,即这些结论是否与实际的社会存在相符合;或它们是否是正当的,也就是在内容上或目标上或效果上与他们所接受的正义理论相一致。即使辩论是有效的,也不能说结论是真的;如果一个前提是错误的,结论仍然是错误的。然而发现正确前提的任务超出了逻辑学家的范围,他的任务仅仅是在前提被确认后才开始的。他仅能告诉我们从这些前提得出的有效的结论是什么,或用另外的话说,是否它隐含在前提中。他能指出不一致,但他不能说出应当接受什么。斯通认为,依靠逻辑得出的结论要经受一定的风险,因为前提可能不是正确的,这就可能会不存在正义的结果。

斯通从对奥斯丁和凯尔森理论的分析中,区别了逻辑分析者的法和在社会中实行的法。他首先提出了一个问题,为什么奥斯丁和凯尔森所构建的法律体系的内容并不必然与实际的法律体系的内容相符?他认为,凯尔森的理论可以识别实际的法,他必须表明作为他体系出发点的基本规范是他构建的法律体系的效力来源。一旦他那样做,他的整个理论就丧失了确定性,因为对基本规范选择错误的风险也会影响到被基本规范所检验的规范。他的逻辑本身并不能揭示也不应要求揭示实际的法律体系的内容。

斯通认为,分析法学关注运用逻辑对法进行检验,它自身不能发现和辨别实际的法,它仅能告诉我们在同一逻辑体系中的法律规范在多大程度上是一致的。因此,正是逻辑学家对法律中逻辑一致性的关注使他的"法"与实际社会中的法区别开。他认为,这也正是当霍姆斯说"法律的生命不是逻辑而是经验"①时所指的区别。当霍姆斯呼吁研究运用于实际社会法律过程的现有的法时,他坚持学者需要将他的道德偏向放在一边。斯通引用一个分析法学的现代支持者的话说:"分析法学

---

① O. W. Holmes, Path of Law, Harvard Law Review, 457.

不能决定一个给定的争论如何被决定。"①

二、逻辑和冲突的前提(规则的选择)

在逻辑分析家的结论和实际法律过程的结论之间存在着巨大的差异,现实生活中经常会有这样的情况,法院试图从现行的法律原则中推出一个规则,而不幸的是,他可以得到两个或多个相互冲突的原则,每一个原则都会产生不同的结果。他引用赖特勋爵的话说:"相对来说,很少有这样的案例,在其中相关的法律规则是确定的。经常不确定的是,什么是可以运用的正确规则。"②

斯通在这里说的是,当存在对三段论的坚持时,法官必须构建一个大前提即法律,如此他就会创造法律。但经常存在不止一个对可运用的法律的解释。按庞德的观点,法官传统上是从权威的法律材料中得出大前提的。斯通认为这些法律材料经常存在隔阂、模糊和不一致。在形成大前提的过程中,法官被迫进入对这些内在困难的创造性解决中。

为说明三段论逻辑中的大前提中可能会存在冲突,斯通举了一个英国的案例。在这一案件中,法院要决定一个办公室的出租人(按照相应的合同对电梯具有所有权或控制权)对一个乘坐电梯来拜访一个房客的陌生人的义务标准。法院提出这样的问题,这个电梯的操作者是否可被视为不动产的所有者,因此而负有注意义务的标准,我们代称为"X";还是他可被视为普通的运送者——具有严格的义务标准,我们将之代称为"Y",然而,被告也就是出租人注意到了前一个标准,他没有注意到后一个,法官说他应具有严格义务并且对此负有责任。因为在垂直的电梯中运送旅客和在水平的平面上运送旅客二者

---

① A. Kocourek, An Introduction of Science of Law, 1930, p. 26.

② Lord Wright, Legal Essays and Addresses, Cambridge University Press, 1939, p. 343.

间并不能作出明确的区分。

斯通认为，法官可以说，在所有者对楼梯的义务和他对作为他建筑物的组成部分的电梯的义务之间不能作出真正明确的区分，这也就是说，他必须在两种可替代的三段论模式之间作出选择。针对其案，有两种推理模式：一种模式是，“占有者注意义务的标准是X，被告是一个占有者”。这会产生这样的结果“被告的义务是标准X”（因此被告没有责任）。另一种模式是“一个普通运送者的义务标准是Y，被告是一个普通运送者”。这就产生了法官实际得出的结果，即“被告的义务是标准Y”（因此他有责任）。两种模式间的选择决定了案例的判决结果，只有选择作出了，推理逻辑才发挥作用。

斯通认为，在这样的案件中，在冲突的前提之间作出选择不能依靠逻辑推理。为了决定在当前的案例中何种类推会得出更好的结果，对事实和正义标准（虽然不公开）的参照就是必要的了。在法律的许多问题上，在权威性材料中，一个人在相互对立的“原则”中作出选择。因此，在这样冲突类推的案例中的决定因素不是逻辑，而是在出发点之间作出的选择，即前提的选择。在决定作出之前，三段论不会发生作用。就像决定的过程超出了逻辑的范围，它也超出了分析法学的范围。

三、逻辑和类推的局限（事实的选择）

在进行三段论推理时，作为大前提的规则经常存在冲突，法官需要在几个大前提中作出选择。斯通认为，其实对于“事实”的选择也经常存在困难。如果对规则有几个可能的解释，每一个解释都依赖于被看做“材料”的案件事实，法官对作为他们判决基础的事实就有一个选择，对于阐述它们的概括程度也会有一个进一步的选择。斯通用著名的纽约跳板案对此作出说明。死者被铁路公司放置的电线电伤致死。在灾难来临的一刻，死者站在附着在河左岸的一块跳板上。正是在这一岸边，铁路方拥有对这一条路的权利。作为一个公民，死者有从这条河的另一岸(曼哈路)合法进去游泳的权利。如果他在铁路一边的岸上,他很明显是一个侵入者。如果他在河中(在跳板之下两英尺),他就不是一个侵入者。现在需要作出决定的前提问题是:他是这个跳板的侵入者吗?如果他是,公司就不必对它本身的疏忽负有责任。如果存在这个前提,作为被告方的铁路公司就不应受到指控。它假定,不论什么附着于岸上,就成为河岸的一部分。死者站立的跳板,正是附着在被告土地上的。因此可以得出结论说死者是在被告的土地上的,因此是个侵入者。

而卡多佐拒绝接受这样的有关法律体系的观点,他认为死者不是一个侵入者,而被告是有责任的。他说:"如果我们将目光集中于跳板的私人所有权,我们将忽略周围的水和空气等空间的公共所有权,从一条船或一块木板跳下,这个小孩是在河里的游泳者,从一块跳板的一端跳下,他就不是在河里的游泳者,而成了一个对路权的侵入者。在有效的法律体系中的权利和义务的设定,不应建立在这样的捉摸不定的基础之上。"①卡多佐认为在这一案例中的争论是"概念法学"的危险和明显的例证。是"不顾结果地将原则或概念扩大到干巴巴的逻辑极端"的危险的例证。②

在这一案例中,对事实(小前提)存在两个不同的选择,如果认定这个游泳的小孩是对路权的侵入者,就要适用有关财产的法律,被告就没有责任。如果他不是路权的侵入者,就要适用有关人身损害赔偿的法律,被告就是有责任的。不同的前提选择带来截然不同的判决结果。在这一过程中,逻辑的作用是有限的,它不能决定前提的取舍,并且逻辑也只有在前提的选择确定以后才能发挥作用。

---

① See: Julius Stone, The Province and Function of Law: Law as Logic, Justice and Social Control, Sydney: Associated General Publications Pty Ltd, 1946, p. 140.

② Citing Pound, Mechanical Jurisprudence , 8, 1908, California Law Review. 605.

尽管如此，斯通发现，霍姆斯和卡多佐都不主张把逻辑排除在司法推理之外。他认为他们拒绝的是宣称逻辑是发生作用的唯一命令（甚或向导）的论断。他引用一个哲学家的话说：“每一种科学必须使用逻辑来检验他们的早期结论是否来自于给定的前提。但是，使一种科学与另一种科学区别的东西，如法律区别于物理、化学的是主题，是结论从中产生的原理和假定。法律的主题是对生活于社会永恒关系中的个人行为的调整。”①

斯通认为，即使是在一个简单的社会中，法律体系中的主题也是彼此不同的。卡多佐认识到了在人身损害案件中的主题和财产权利案件中主题的不同，这使他拒绝用后者的前提为前者推出一个规则。这在法院中，包括英国的法院中经常出现。而且，即使是一个在法律调整范围内的个别事件也从一个社会到另一个社会而有所不同，即使在同一个社会中，它也会随着社会本身的变化而经常变化。

他认为，因为不同的主题内在地要求不同的前提来为结论建立基础，不加区别地将一种前提转换为另一种前提定会产生不适合的规则，不管这一过程是如何“有逻辑”。

斯通认为，法律推理是从概念开始的，概念不能像数学选择一样，不参照存在的世界而得到选择。它们应该被特定社会生活的特定事实所决定。这一反映被普通法司法过程中的试错过程所检验。斯通指出，不仅可以从这样的案件事实中得出不止一个一般建议，而且存在像事实的组合一样多的对一般建议的阐述。因为对事实的选择不依赖于逻辑，它依赖什么呢？斯通说：“法院在试错过程中作出的每一个选择都是一个伦理选择。”②

---

① M. R, Cohen, The Place of Logic in the Law , 29, 1916, Harvard law Review. 622 ~ 628. Citing :The Province and Function of Law.

② Julius Stone, The Province and Function of Law: Law as Logic, Justice and Social Control, Sydney: Associated General Publications Pty Ltd, 1946, p. 189.

第二章 逻辑、逻辑外因素与法律的发展

一、遵循先例与法律变化

在普通法法律体系中,一个案例的判决理由约束此后的案件判决,所以人们一般认为,正是判例法保持了普通法的连续性和稳定性。在普通法中,如果一个案件的事实与以前案例中的事实相同,通过运用归纳推理,就会得出这个案件的判决。如果运用这样的推理方式,一个案例就仅有一个可能的判决理由。斯通认为,在普通法中普遍存在着一种认识:相信有一个事先就已存在的法律原则,从这一原则中可以合乎逻辑地推出判决。他认为,在这一问题上也并非没有相反的认识。如有人认为"普通法不是通过逻辑学家和法学家的著作建立起来的,而是通过法官经验的积累建立起来的。这些经验不是逻辑学家的经验,而是普通人的经验,它作为一个一般性规则,被赋予了一般的意义,如果辩论按照只有学者才能理解的方式进行,它是否可以真正表达了普通法是颇可怀疑的"①。"我完全不相信从一个命题中可以合乎逻辑地推出判决。这种推理模式认为法律一定是合逻辑的,而每一个法学家都承认,法律从根本上来说就不具有逻辑性"。②

---

① Citing: Julius Stone, Legal System and Lawyers´ Reasoning, Stanford University Press, 1964, p. 230.

② Citing :Julius Stone, Legal System and Lawyers´ Reasoning, Stanford University Press, 1964 , p. 230.

按照一般设想，普通法的判例法在一定程度上保证了其法律的连续性和稳定性，但同时也要承认，法律也是处于不断的运动和发展变化过程之中的，他引用赖特的话提出这一问题："这一不停的变化过程如何与遵循先例原则相符呢?"他认为埃利希指出的英国判例体系是法官所作的"法律的自由发现"，正是对这一问题所作的最好解释。从中世纪到现在，英国法官的工作代表了按照变化的社会生活事实进行立法的杰出成就。这一成就并不依赖已有的法律概念和法律命题以及从中所作的推论。他引用霍姆斯的话说："除了逻辑以外还需要其他工具，某些事物表明制度的一致性，需要某种特定的结果，但这并非事物的全部，法律的生命不在逻辑而在经验。……众所周知的或尚未被人们意识到的占主导地位的道德或政治理论，对公共政策的直觉甚至法官与他的同行所持的偏见，在法官决定人们都应该遵守的法律规范的时候所起的作用要远远大于三段论所起的作用。"①

前已述及，从理论的主导倾向来说，斯通是追随社会学法学的。他赞同霍姆斯关于法的生命不在逻辑而在经验的命题。在霍姆斯看来，遵循先例并不能保证法律体系的一致性和连续性，相反却常常导致逻辑推理的失败和混乱。就实质而言，法律的成长需要立法，但是法院根据以往法律所作的判决实际上也是新的法律。普通法的历史告诉我们，当法官在承袭了古代的法律规则时，又赋予了他们切合现实的新理由。这种新理由逐渐获得了新的内容，最后成为新的法律规则的一种形式。所以"法律不断演进从来没有达到一致，这是一个颠扑不破的真理。它永远从生活中汲取新的原则，并总是从历史中保留那些未被删除或未被汲取的东西，只有当法律停滞不前时，它才会达到完全一致"②。正是这一意义上，法律的生命在于经验而非

① Holmes, The Common Law, (1881), p. 128.

② Holmes, The Common Law, (1881), p. 32.

逻辑。这里的经验是指法官根据社会生活的不断变化,在遵循先例的原则下,赋予先例以新的生命。斯通和霍姆斯一样,否认法律发展的过程中的唯一有效的动力在于逻辑。在如何使法律在不断变化的同时保持它的一致性和连续性问题上,与霍姆斯求助于法官的经验不同,斯通试图求助于怀特海(Whitehead)关于"变化的精神"和"保守的精神"辩证统一的观点来解决这一问题。怀特海说:"没有一个真实的东西可以缺乏这二者(即"变化的精神"和"保守的精神")。"[①]没有保守精神的变化意味着在事物的任一方面都不存在连续性与稳定性,而没有变化精神的保守性也不能保持,因为环境的变化迫使一种稳定的事物不断调整自身。法律也应在变化的同时保持稳定。斯通认为,问题仍然在于,一个具有创造态度的法官如何在先例的框架内看到法律的变化,并且要看到(甚至当法官持有保守的态度时)这种变化是如何发生的。必须看到,判例体系和它的实际运作之间存在一定的空间,这正是允许甚至推动法官发挥他们创造性的领域。正是判例留下的空间使法院去考虑其他的问题和因素(如正义)对判决的影响。

斯通认为,普通法的特征是在稳定中保持变化。而他又认识到,大部分英国法官将司法判决或是看做对现行法律的直接运用,或是看做从现有法律原则所作的逻辑推论。但事实却是"……如果现有法律不能产生判决,正确的判决要最后求助于政策"[②]。因为人们已经认识到,一方面,逻辑形式经常是"错误的",另一方面,法院不能排除对社会需要、社会政策、个人评价的考虑。"判决是一个意志的行为……法官总是有一定程度的自由选择空间"。如果法官在判决一个案例的时候,仅仅依靠几十年前或上百年前通过的法律规范进行逻辑推论,并不考虑

① A. N. White. Science and the Modern World(1925), 281.

② Julius Stone, Legal System and Lawyers´ Reasoning, Stanford University Press, 1964, p. 211.

当前的伦理和社会因素，他能够作出适合当代问题的判决吗？在这里，斯通展开了对另一个范畴“虚假参照（categories of illusory reference）”的论述。斯通在这里所说的“虚假参照”也就是J. D. 海曼所称的“司法推理中的逻辑谬误”[①]，也就是逻辑形式的错误。斯通运用这一概念是要达到一石多鸟的目的，他试图：（1）解决法律既是稳定的又是变化的这一矛盾；（2）论证司法的创造性选择的范围通常是很大的；（3）解释法律中的“逻辑形式的谬误”的主要种类。他试图在英国案例法中区分出许多能产生这样的错误的虚假参照的种类，并且表明它们如何作为一种工具，允许法院通过对逻辑外因素的考虑而使最后的判决成为创造性的选择。另言之，它是表明，每一种这样的种类因为并不能通过三段论产生必要的答案，因此需要法院自觉或不自觉地以它对所面临的社会情况的评价为基础而作出判决。其目的不在于攻击逻辑和法学家对它的使用，只是强调，独立于逻辑强制之外尚有广阔的空间，许多宣称是运用逻辑作出的判决，究其实际是对逻辑的滥用。

二、判决依据与选择的空间

斯通重新审视了判例法体系中的核心概念——判决依据，按照斯通的理论，因为法官经常自动以三段论逻辑形式进行推理，困难就随之而来。他指出，形式逻辑的目的是发现推论能够有效的条件，但它仅仅提供了一个形式上的框架。前提或结论是否正确与形式是否正确无关。建立一个能导向判决的三段论，法律构成大前提而事实构成小前提。大多数普通法法官错误地认为他们投入三段论的大前提和小前提的材料在法律上和形式上是唯一正确的，所以他们将从这些前提中得出的结

---

① J. D. 海曼把斯通所称的“虚假参照”称为“司法推理中的逻辑谬误”。（See J. D. Hyman, Concerning The Responsibility and Carftsmanship of Judge: A Review of Julius Stone′Legal System and Lawyers′Reasonings, in Buffalo Law Review.）

论认为是唯一正确的法律推论。

对于事实的选择,斯通认为,假设“材料事实”只能产生一种判决理由意味着只有一套与判决有关的“材料事实”,这就立刻使这一理论面临不可克服的困难。这就是,除了法院宣告采用的“材料事实”以外,经常会存在超过一种,实际上是多种相互矛盾的“材料事实”。因此也不仅有一个而且有多个判决理由,它们中的任何一个都可以在事实的基础上解释判决。如果法院仅仅依靠逻辑推理作出判决,可能会作出多个相互冲突的判决。对规则有几种可能的解释,每一种解释都依赖于被作为“材料”看待的案件事实,同样,法官对作为案例“材料”的事实也存在一个选择问题。斯通以 Donaghine V. Stewenson 一案来说明这一问题。在这一案件中,一个顾客在他所买的啤酒瓶中发现了一只死蜗牛。要裁决这一案件,判决依据要参照和判决有关的事实,如果在判例报告中发现了 9 个事实因素,就会有与事实的组合一样多的相互冲突的判决依据。所有这些都是判决中包括的“事实”,但是它们中的每一种都会在以后案例的不同情况中产生不同的结果。这些事实因素以及相关的替代性表述可以是:

(1)关于伤害原因的事实。死蜗牛,或任何蜗牛,或任何有毒的外来物体,或任何外来的有毒元素(物质性的或非物质性的,或任何有毒元素)。

(2)关于伤害媒介的事实,一个不透明的啤酒瓶,或一个不透明的饮料瓶,或任何为了便利人们消费商品而使用的容器。

(3)有关被告身份的事实,在国内通过零售商销售货物的某种货物的制造者,或任何制造者,或任何为求回报而生产、销售货物的人。

(4)关于来自伤害媒介的潜在危险的事实。可能因为过错而有危险的物品。

(5)关于原告伤害的事实,物质性的个人伤害,或精神性的个人伤害,或任何伤害。

(6)关于原告身份的事实。一个苏格兰寡妇,或一个苏格兰人,或一个妇女,或任何成年人,或任何人,或任何法人。

(7)关于原告与伤害媒介的关系的事实。直接从零售商那里购买物品的人,或从其他人那里购买物品的人,或与这些销售者有关系的人,或其他人。

(8)关于发现这些伤害的媒介的事实。

(9)关于诉讼时间的事实,诉讼的时间是1932年,或1932年前的时间,或任何时间。

斯通指出,存在这么多的事实以及多个事实的替代形式,不仅可以从这一案件的事实中得出不止一个一般建议,而且存在像事实的组合一样多的一般建议的阐述。因此经常需要进一步的判决来决定判决理由。"很明显,这暗示着对一个案件的解决不能揭示出仅有的一套'材料事实',也不能揭示出一个有约束力的判决依据。它产生了一个选择性的判决依据的范围",[①]在"司法材料"中作出选择的空间是巨大的。这些因素的不同留给了法官巨大的选择空间,法官在这种事实的不同组合及其选择中作出司法判决不同于"判决中的司法专断",也不同于"司法立法权"。当然,在遵循先例原则留下的空隙间作出选择的实际效果是,它可以产生新的法律并且控制和引导它的成长,在这个意义上它也可以被称为是"创造性的"或是"立法的"。

斯通总结自己的观点说:"不是不可避免的逻辑,而是对于这些事实的价值判断,才是最终对法院、特别是上诉法院面对的'遵循先例原则'进行选择施加压力的东西。"[②]斯通的这一结论与霍姆斯在《法律的道路》中所表达的观点有异曲同工之处,即"在逻辑形式下存在一个对于竞争的立法基础的相对价

---

① Julius Stone, Legal System and Lawyers´ Reasoning, Stanford University Press, 1964, p. 270.

② Julius Stone, Legal System and Lawyers´ Reasoning, Stanford University Press, 1964, p. 284

值和重要性的判断,它经常是一个不连续的和不自觉的判断。它是真实的,也是整个过程的基础和神经”。[①]

通过考察司法过程中持续和变化间的关系,斯通“得出了一个使大家满意的有关先例决定的结论”。[②] 先例原则是价值保护的工具也是创造性变化的工具,斯通通过对这一看似矛盾的命题的分析,在机械的司法过程和完全相对主义的司法过程之间达到了一个实践性的妥协。斯通对“选择的空间”的发现是为实际的法律辩论所作的最好准备,法官从斯通的方法中不仅得到了乐趣而且得到了教导。许多澳大利亚的法官发现斯通看待问题的方式在理解法律推理和过程方面是持续有效的。澳大利亚高级法院在1952—1954年间作出的许多判决都受到了斯通观点的影响。首席法官狄克逊(Dixon)在一个案件中指出“按照普通法原则,举证责任落在何方应该决定于对实质的考虑而不是对形式的考虑”。首席法官狄克逊和威廉姆斯法官在一个案件中更对斯通的理论表示感谢,他们宣布:“决定这一上诉的困难是可能或必须在两个冲突的侵权法种类中作出选择,并将它们中的一个运用于事实而排除另外一个。”[③]

三、司法和法学辩论中的理性与推理

在《法律体系与法学家推理》中,斯通的思想向由佩雷尔曼[④]和其他当代思想家发展的思想领域进行了延伸。与那些

---

① Citing J. D. Hyman, Concerning The Responsibility and Carfstmanship of Judge: A Review of Julius Stone′ Legal System and Lawyers′ Reasonings, in Buffalo Law Review.

② B. J. George Jr, review of Julius Stone , Legal System and Lawyers′Reasonings, University of Kansas Law Review, 13, 1965, p. 467.

③ Citing Leonie Star, Julius Stone, An Intellectual Life, Oxford University Press and Sydney University Press, 1992, p. 94.

④ 沙伊姆·佩雷尔曼(Chaim Perelman, 1912—1984),比利时哲学家,曾任布鲁塞尔自由大学法律哲学中心主任、国际法律哲学和社会哲学学会主席、国际哲学学会副主席等职,新修辞学法学的创始人。

“目的仅在于对所有思想的形式法则进行论证和提出证据”的逻辑不同，“新修辞学”（佩雷尔曼是主要倡导者）研究了并不具备逻辑上的准确度的理性辩论的方法。这种方法吸引斯通的是，它信奉普通法推理中创造性力量的理念，以及他对推理能够产生唯一正确答案这一命题的怀疑。

为了给自己的法律思想提供哲学上的依据，斯通提出了一个与佩雷尔曼的思想相联系的义务逻辑的概念。这是一种伦理义务的逻辑，是一种与“实然”相区别的有关“应然”的逻辑。这种义务逻辑关注准许、禁止、责任这样的“义务特性”，而不是必须、可能、偶然这样的事实指向特性。

斯通的义务逻辑与约翰·安德森[①]的经验主义恰成对照。安德森是一个现实主义者，他认为人们应该依赖真或假的观念来理解事物，这种经验主义的立场与他的这种认识有关：存在的事物与真实是处于同一层次的，而知识依赖于观察。因持有多元主义观点，安德森相信将复杂的情况归结为简单的事物是不可能的。安德森和他的追随者因此认为客观性是所有思想的必要基础。在他关于价值的理论中，伦理是没有位置的，伦理学仅仅是对人类行为方式的研究，而不去决定什么是应当做的。其实许多实证主义者和经验主义者具有和安德森一样的观点，如被称为现代逻辑学之父的 Gottlob Frege 的实证主义方法论思想不允许一个人科学地或理性地涉及价值判断，因为在他看来，价值是一个纯粹的主观情感的表达。“这意味着如果你想写一些有关正义的文章，必须清除任何价值判断”和这些否定价值判断的实证主义者不同，斯通在他对逻辑的研究中注入了多样化的主观性的理念（如正义的概念），他相信“应然”与“实然”应得到同样的研究，认为通过法律而带来正义的社会控制是有利于社会的。由此可以看出，斯通的理论前提重视对

---

① 约翰·安德森，时任悉尼大学查里斯哲学教授，是公认的自由主义思想家，他对一般所接受的社会传统持怀疑态度。

主观性理念的研究,这和安德森及其追随者 W. L. 莫里森和弗兰克·胡特立单纯强调对事物进行客观性的描述的主张是大异其趣的。

通过对司法过程中法官的创造性角色所作的分析,斯通认为,在一个案件中,不可能仅有一个判决理由。在任何一个判决中,经常会有几个判决理由。现实中,正是后来法院的判决使先前的判决成为"判决理由"。斯通看到,逻辑并不能自动地得到一个唯一正确的法律判决。因此,我们要认识到当前的情况有一个特征,要求一部分法学家自觉地去研究以前的思想所涉及的多样的选择标准,以及当前社会环境事实与正义的实现的相关性。从这些关注中所获得的结论可以在以下方面为法官提供指导:评价当代立法活动的一般状态;实现在一个自由社会中利益的多元化;实现对隐含的多样化信仰的忍受力。这些是明智选择的先决条件。斯通认为,法学家的推理,特别是上诉法院的司法推理为批判性评价因素的进入打开了通道——可以称之为正义的因素以及称为社会生活的实际因素。用另外的话说,对司法推理的完全理解,要求我们的注意力突出另外两个主要问题。一个是正义问题,例如,可以帮助在逻辑留下的空间中作出选择的尺度或标准是什么;另外一个是关注法律和其他社会现象的相互关系,例如,在具体的案件中决定司法选择的因素。在这里,斯通考察了西方当代哲学家的一些思想,特别把由佩雷尔曼创立的新修辞学引入法学和司法辩论中,试图在逻辑不能发挥作用的领域设计一个理性思维的框架。

因为法学家的推理要将批判性的评价包括在内,注意到正义因素以及社会生活事实因素的侵入。斯通的兴趣被引向那些非法律标准,这一标准在三段论逻辑中将正义因素考虑在内。他说:"我们确信在形式逻辑之外存在着另外一种虽然不是那么严格但仍然有秩序的推理方式。我们重新强调形式逻辑的强制性受到作为前提的法律命题的性质和数量的限制,另一方面，我们对那些逻辑之外的新的思考方式进行复兴并试图使之达到系统化。”①

在对推理的局限性进行概括时，斯通表明他并没有在推论过程不完善的地方抛弃推理。其实，在法官选择的可能性中，他赞赏普通法随着环境和思想方式的变化而不断塑造自己的非凡能力。现在，他愿更进一步来证明那些甚至不能证明自己是建立在可检验的规则基础上的推理形式的价值。他发现不严格的或“准逻辑”的推理可以导向“对解释外在真实性有依赖价值的”结论。在很大程度上，斯通所描述的是对一种古典修辞学的新发展，走的是与佩雷尔曼的“新修辞学”理论同样的路向。佩雷尔曼在他的“新修辞学”理论中引入了价值判断，与传统的实证主义否认逻辑中的价值判断不同，佩雷尔曼指出，如果你想比较两个判例的不同情况，你需要价值判断，如果没有价值判断，一个人不可能从形式正义前进到具体正义或实证正义。按照“新修辞学”理论，在法律逻辑中，法官在“合理的”、“可接近的”、“社会上有效的公平”等价值的指示下实现自己的任务，进行一种理性和权衡，作出判断和价值选择。法官不能以法律条文的字面意义来作出判决，而必须考虑法律到底要保持什么价值，这种价值与其他价值有什么冲突，哪种价值更为重要等等。法官不是计算机，他必须面对价值问题，他的作用不是简单地服从先前已经作出的决定，而必须进行价值判断，这种判断和决定又必须有理由和依据。正是因为接受了佩雷尔曼的“新修辞学”理论，斯通认为，应该恢复西方古代的修辞学传统，他认为，修辞学是一门实用的科学，它的目标不在于艺术而在于辩论过程中的说服。这种修辞方法的特点是：1. 辩论的起点不是在单一的权威性大前提中进行的，而是在命题和原则的联合中进行的，这些命题和原则被这个社会中的有知识

---

① Julius Stone, Legal System and Lawyers´ Reasoning, Stanford University Press, 1964, p. 326.

的人所接受。2. 辩论并不沿着单线而是沿着平行线发展。斯通借用了英国哲学家约翰·威斯德姆的类比,辩论的发展不像链锁的接头而像椅子的腿一样。同样,他从佩雷尔曼那里借用了一个比喻,将这种推理形式比喻为"一片布,它的全部力量经常要大于单条的丝线的力量"。[①] 威斯德姆的立场可以这样表述,"因为前提并不具有包容性,判决成为一个……在冲突的可能性之间的选择"[②]。

修辞学有它的中心,"主题(topoi)"(亚里士多德)或"地点(loci)"(西赛罗)[③],这二者的文字翻译都是"地点(places)"。二者都指的是不严格但又具有值得信赖的品质的辩论的起点。主题(topoi)或地点(loci)就是辩论的起点。主题或地点是值得作为辩论基础的命题、观念或观念的集合的,因为它能被人们一般接受,或(如亚里士多德所说)被最聪明的人接受。从辩论的出发点或基础——亚里士多德的主题(topoi)和西塞罗的地点(loci)(佩雷尔曼在他的"新修辞学"中接受的古典理念)开始,斯通将概念缩小到其能被普遍接受而可以成为辩论的出发点的命题或理念上。斯通认为,正像前述的比喻"桌子腿"和"布的丝线"所表明的那样,来自单一主题或地点的"证据"的证明力量可能是非常弱的,真正的力量来自辩论所依靠的主题的积累。在辩论中不仅要关注逻辑的形式方面,而且要"将他们的历史、心理和社会条件考虑进去"[④]。

最后,斯通认为,形式逻辑推理在上诉法院决定作出中的

---

① Julius Stone, Legal System and Lawyers' Reasoning, Stanford University Press, 1964, p. 326.

② Julius Stone, Legal System and Lawyers' Reasoning, Stanford University Press, 1964, p. 326.

③ 对于辩论的起点,西塞罗曾经说过:"如果已指出并标明了隐藏的地点,这个隐藏的东西就很容易被找到;同样,如果我们想进行辩论,我们必须知道地点(loci),就是辩论开始的地点。"

④ Julius Stone, Legal System and Lawyers' Reasoning, Stanford University Press, 1964, p. 332.

局限性,不会也不应该是所有推理的局限性。形式逻辑在数学和自然科学中的巨大成功遮蔽了其他的推理方法,人们甚至把它们遗忘了。但是以形式逻辑推理解决所有的人类问题的希望已非常小。因此,已经提出的问题是,给一些种类的推理以新的注意和培育,并且利用它们,伦理的、社会的和政治的问题就比较容易解决了。因为如果人们不能以超越形式逻辑局限性的有秩序的方式进行推理,许多重要的问题一定不会得到解决。因此,法学家应重新研究古代世界的"修辞学",以及它在"新修辞学"中的新发展,并"将它作为导管,将正义理念和社会事实因素输入到组成普通法的变动的法律规范体中"①。

---

① Julius Stone, Legal System and Lawyers´ Reasoning, Stanford University Press, 1964, p. 332.

第三章 法律理性与社会正义

法律逻辑和法律推理并不能自动地产生一个唯一正确的判决,法官通常是在法律逻辑留下的“空间”中作出选择的。在一个不断变动的法律秩序中,对司法和法学过程进行审视,人们会发现,法律推理的运用在不同程度上依赖于对于“正义”和“善”的理解。法律中的创造性因素不仅仅依靠逻辑。法官在进行司法判断时也要考虑非严格的逻辑形式,如“新修辞学”的推理方式,而“新修辞学”对“主题”的关注,对逻辑外因素的关注也打开了正义因素进入法律的通道。这是斯通在对法律与逻辑和法律推理的关系进行考察后得出的结论。由此他进入了他理论的第二个问题,也就是对正义问题的研究。正义理论涉及的是:“法律应该为那些行为受它控制的人们做些什么?在法律中善的评价标准或尺度是什么?并且也涉及利用这些标准或尺度在特定的时间、地点和条件下对法律进行批判的问题。”①而对正义进行研究的目的在于尽量在这个变化的社会中使法律秩序符合人们所追求的正义。在这一背景中人们关于正义的理念随时变动,并且人们往往在社会行动中来表达或实现他们对正义的理解。因此斯通试图在孕育正义的社会的和经济的背景中对人们关于正义的理念给出一个分析的、历史的和批判的解释。

终其一生,斯通都把正义问题作为他的研究主题,他在正

---

① Julius Stone, Human Law and Human Justice, Maitland Publications Pty Ltd, Sydney, 1965, p. 1.

义方面作出的巨大贡献在于他将正义视为发展着的理念，在具体的历史环境中形成，存着斗争和内部冲突，并存在代与代之间人们认知上的差异。斯通理论的重要方面表现出他对人权保护和对任何形式的偏见和歧视的反对；他对通过对话和讨论解决冲突的信念；他对和平解决国际争端的关注。人应该有在法律面前得到平等对待的权利，这一理念贯串斯通的一生。他致力于追求实践中很难真正得到实现的所有人的平等。斯通留给后人的最重要的东西也许是他的人道主义和想象力，尽管他清楚地认识到一定有很多因素会影响到正义的实现，在正义的实现过程中也会存在挫折与倒退，但是从内心来说斯通是一个乐观主义者，他认为人类处于通向创造微小的、珍贵的正义与和平飞地的缓慢的、犹豫的、挫折的路途上。他鼓励我们要努力扩大这些飞地，虽然会有暂时的挫折和后退，但人们不能放弃希望。

第一节 正义与自然法

一、正义的理论与正义的现实

虽然对正义是什么人们至今没有达成一致，但对正义的追求是有史以来人们不懈追求的目标。对通过法律所实现的目的和理想的研究，有时被称为正义理论，或者含混地称为“法律哲学”，这种研究在西方文明的早期就已经开始了。并且被不同时期的许多重要思想家所发展。从 19 世纪开始，通过自然法学者的研究与传播，正义理论成为大陆和美国法学家研究的中心。对正义问题的研究，斯通认为，伦理和政治哲学家的方法被法学家采用，有时和对自然法的思考不可分割地交汇在一起，在现代法学家的思想中这种联系还在继续着。庞德将正义理论分为哲理的、社会功利的、新康德的、新黑格尔的、新哲理的、新经院的和实证的。斯通认为，当这种学科中的分支被充分发展时,我们不仅要研究这些理论,用它们检验法律,而且应该用已有的社会知识检验它们。“正义理论的任务并未最后完成,因为人的变化及其环境的变化要求对已有的理论适用于新的环境进行重新评价”。[①]

斯通把正义定义为一种“实证伦理社会价值(positive ethical social value)”[②]。他认为,即便像许多人所认为的那样,正义是一种心理事实,人们只有在它缺少时才说认识了正义,正义也可以被视为是人们执著追求的价值。正义也是一种伦理价值,一种人们用以判断理性行为(也就是被主体的意志支配的行为)的价值。他认为,形容词“正义的”可以被用来指行为者的特征,也可以是行为的特征或是二者的特征。虽然可以从不同的哲学立场出发会得出不同的结论,斯通从亚里士多德的正义是一种社会价值这一立场出发,认为,“正义与人们相互关系中的行为有关”[③]。

正义是一种实证伦理社会价值,但有关正义的理论的作用是什么呢?在所有这些有关正义的理论中,只有一种是唯一正确的吗?斯通认为我们没有必要审视每种正义理论的含义及优缺点。照他的观点,“没有哪种理论不将其注意投入到正义的重要方面,但是也没有哪一种理论可以称得上是充分的,然而除了每一种理论特定的优点外,我们可以从对这些理论的研究中得到好多收获”[④]。斯通质疑了理论在获得正义的意义方面的作用。对于正义理论的作用,他问道“你有什么用?”他认为,正义理论的作用是有限的,因为解释人们如何以及在多大

---

① Julius Stone, The Province and Function of Law: Law as Logic, Justice and Social Control, Sydney: Associated General Publications Pty Ltd, 1946, p. 210.

② Julius Stone, Human Law and Human Justice, Maitland Publications Pty Ltd, Sydney, 1965, p. 31.

③ Julius Stone, Human Law and Human Justice, Maitland Publications Pty Ltd, Sydney, 1965, p. 31.

④ Julius Stone, Human Law and Human Justice, Maitland Publications Pty Ltd, Sydney, 1965, p. 287.

程度上承认正义理论并按照特定的正义理论去采取行动仅仅是实现正义任务的次要部分。

斯通对历史以及现实中的正义的理论进行了分类，他认为，从古至今，在有关正义的理论中存在着三组对立的范畴，它们分别是：(1)康德式的哲理的(或称为演绎的或纯粹的)理论与经验的理论(或与此相类似的狄骥的"实证"理论)的对立。①(2)绝对主义正义理论与相对主义正义理论的对立。自然法学家的、康德的、施塔姆勒的或柯勒的正义理论谋求对所有的时间和地点都有效的绝对标准；相对主义坚持正义标准会随着社会环境中时间、地点和任务的变化而变化。他们中的代表有耶林、庞德等。(3)那些通过一般或普遍的方式达到正义(如康德和施塔姆勒)的理论与那些如边沁(从他功利主义的一面)或庞德的强调在不同的特定情景中正义判断的个别性的理论的对立。

斯通认为，如果把所有的正义理论都划入这两个种类中的一种或另外一种，会面临着不可克服的难题。先验主义者接受了描述性的"实然"和规范性的"应然"的区分。他们就得出结论说他们的标准一定不含存在的因素。他们于是就宣称一种设想的纯粹理念是不可质疑的，如康德的平等自由的普遍准则。他们从这种理念中推导出正义的准则。康德认为，这时，正义的概念被视为是一个永恒的理念或理想，思想家将它作为判断个人行为和事件、法律体系和社会安排的不变的标准。但正义概念本身也是一个存在冲突的范畴，形式正义与具体或实体正义相冲突；法律正义与伦理、社会和经济正义相冲突；个人定向的可交换的市民正义和集体定向的分配的和公共的正义相冲突；个人要求与集体要求相冲突。在历史上的不同时期，

① 二者的区别在于，前一种理论宣称他们并非根据来自社会生活现实的原则分配义务，他们的推论来自一个纯粹的理念。后一种则正好相反，他们来自社会现实，这一区别是关注于可观察到的事实对于形成正义原则所起的作用。

在不同的社会中，对于什么是公正，什么是正义，什么是平等，人们存在不同的认识。将公正、正义和平等视为非历史的、客观的、普遍的概念或直觉是站不住脚的。他认为，人们已经认识到这种与现存世界相分离的正义理论是非历史的。施塔姆勒坚持的就是这种先验的正义论，为了补救这一缺陷，他试图引入存在的事实以满足他所构建的先验原则。

斯通认为，先验主义者将正义归结为一个永恒的理想或理念，这是一种非历史的观点，但将正义的准则与可观察的社会生活现实混为一谈也同样存在理论上的难题。狄骥坚持的就是这种观点，他坚信他的客观法标准来自社会生活事实中展现出来的社会连带关系。更公开的、同样的景象可以在耶林的社会功利主义中看到，在边沁的功利主义中也可发现这种理论倾向，他们都认为一旦事实被分解和归类，正确的解决办法就会被作为“功利”的命令而出现。耶林确实没有成功地作出更进一步的解释来说明他的社会功利是如何来自事实的。斯通认为，庞德的实用主义也面临着同样的困难（虽然他并非没有认识到这一点）。

斯通认为，对于实证主义者来说，情况也是如此，他们的目的在于排他性地从可科学观察到的事实中得出他们的正义标准。因为这些正义标准与可观察到的事实相联系，所以这种标准被宣布为有效的。但是，如果事实并不与它们相一致，它们就是无效的。斯通认为，对这种理论有效性的怀疑并不意味着它们对法律或社会事务没有效果。并且哲理主义者也很少能免除对现实世界的求助，但这种求助是无意识的，通过哲学家的思想和他们的个人经历给他相信的东西提供内容的东西纯粹是先验的命题。先验体系是在概念和前概念的框架内发生作用的，在这个框架内社会环境不可抗拒地影响着它的成员的思想。因为这个原因，“隐性实证主义者”被应用于这些理论——可观察的事实的影响是存在的，但是这种作用是隐藏着的。相反，狄骥这样的实证主义者宣称的唯一倚赖的外在事实隐藏了一个没有宣布的对理念命题的利用，这是“隐性理想主义者”。[①] 斯通认为，“它们作为正义理论的效力是一个问题，它们的社会、心理起源和在特定的社会环境中通过人们的意识和感情所起的作用则是另外一个问题”[②]。

如果把正义理论或是归入绝对主义的原则，或是归入相对主义原则，斯通认为这要面对的理论上的难题也是相当大的。绝对主义原则面临着巨大的也许是不可克服的哲学困难，它还要面对实施上的困难。对相对主义原则来说，困难也同样巨大，但它们似乎在某种社会条件下有实施的可能。相对主义理论在这里不仅包括多种形式的功利主义、实用主义和怀疑主义，而且包括“内容可变的自然法”的许多观点。相对主义尽管比绝对主义有更多实施的可能，但这并不是说这样的理论一定会产生巨大的影响，斯通认为，相对主义理论的复杂性减少了它们的社会影响，除了使用独立的有吸引力的符号如幸福、快乐、功利和享乐主义之外，相对主义没有比绝对主义更多的魅力。它们的复杂化也使它们在与相对简化的绝对主义的竞争中处于不利地位。而且，大多数社会成员讨厌那些认为他们珍爱的价值是短暂的假设。一个相对主义正义理论，可能在作为工具操在统治阶级手中时比作为表达一个人的正义理念的纲要时具有更大的影响力。而且，相对主义理论在急速变化的时期会失去它的作用。他认为，比起 19 世纪来，人们不能同意正义的绝对标准，但人们也不完全相信相对主义。也许庞德的理论比其他人的理论更接近相对主义。但即使是庞德也不得不承认他的理论“现在用处很小。实际上在它的应用上我感到很尴尬”[③]。

---

① Julius Stone, The Province and Function of Law: Law as Logic, Justice and Social Control, Sydney: Associated General Publications Pty Ltd, 1946, p. 371.

② Julius Stone, The Province and Function of Law: Law as Logic, Justice and Social Control, Sydney: Associated General Publications Pty Ltd, 1946, p. 372.

③ Roscoe Pound, Social Contral Through Law, (1942), p. 133.

在对有关正义的相对与绝对、哲理与实证的理论进行分析以后,斯通认为,每一种理论都适应了它所处的特定时代的需要,但每一种理论都有它的局限性,“没有哪种理论不将其注意投入到正义的重要方面,但是也没有哪一种理论可以称得上是充分的”[①]。每一种理论都是必要的,但是这种必要性并不是证明一种充分的理论能被发展,更不用说已被发展了。对正义理论的研究是有价值的,因为研究那些能满足人类不同时期需要的诸多的正义理论,比抨击它和不信任它会更有成效,它产生了对正义追求的许多方面的答案。对于那些立法者来说(包括司法立法者),他们忠实地遵循着他们前辈的努力方向,理解他们的困难以及他们对问题的回答,理解他们的缺陷,他们会避免许多失误。他会更有可能在法律的漏洞中认识到正义的问题。但仅是对正义理论的研究,现在达到的阶段离预期的目标还很远,前面的道路尚无预期。斯通认为,目前最重要的不是争论哪一种理论对正义来说是最重要的,而对法与实际的人类和社会条件的关系的审视,是当代对正义的追求中的关键问题。他认为,也许我们应该回到孟德斯鸠的主题,即法律中的善不是规则的内在性质,而是规则和规则赖以产生的物质和社会环境的关系。他用雷蒙德·塞雷利斯(Raymond Saleilles)的话来说:“如果一个通过良好的逻辑从数学的精确性原则中推出的办法与社会现实相矛盾,现实而非假设总是决定性的。我们必须改变这一过程。我们应该观察事实……而不是从理性、正义或理想出发。”[②]

二、自然法与正义

几千年来,对正义问题的研究都是在自然法的旗帜下进行

① Julius Stone, Human Law and Human Justice, Maitland Publications Pty Ltd, Sydney, 1965, p. 287.

② see: Julius Stone, The Province and Function of Law: Law as Logic, Justice and Social Control, Sydney: Associated General Publications Pty Ltd, 1946, p. 377.

的。斯通认为,尽管自然法理论所涉及的问题与现在致力于解释正义问题的那些理论有些相似,并且尽管“正义”一词被频繁使用,但是在前提以及概念的组成上,自然法理论和现在有关正义的理论仍然是区别的,它们之间不仅存在理念上的不同,而且存在概念上的不同。自然法和正义两个问题被混杂在一起,这可以追溯到这些理念在早期希腊思想中的混为一体。斯通认为,对这么广泛的问题进行讨论会存在许多疏漏,因为“没有一个忙于其他事务的人,或是一个缺乏时间和耐心的人会致力于研究法理学;自然法可能是一个良好的和真正献身的法学家的最好的试验——不管他是它的敌人还是朋友,还是在一定意义上的怀疑主义的仰慕者”①。而在这里,斯通关心的是,自然法的确是使实证法符合正义的一种方式,但还有另外的东西可以对实证法进行检验吗?在不利用自然法理论的情况下,实证法也会在正义的名义下受到检验与挑战吗?

对自然法在西方历史上的作用,斯通认为,自然法不是正义领地的唯一贵族,也不是评价正义的唯一标准。“自然法仅是一种容器。许多正义的准则通过它得以进入西方的历史长河”。② 正是从这一角度出发,斯通发现研究自然法的历史形成和功能比仅仅研究它的概念和内容要有意义得多。

斯通认为,和正义的标准一样,自然法是理性刺激的产物。自然法在权力建立中的作用是双刃的。它有时使现存权力合法化,但又经常审视权力并有时使它丧失其合法性。在18世纪的美国殖民地,自然法被作为革命的力量,在一个世纪后它又成为保守的意识形态的堡垒,反对那些可以挑战现行经济秩序的社会立法。在自然法的历史上,它摇摆于革命功能和保守功能的两极之间。制度本身日益与变化的社会、文化和经济条

---

① Julius Stone, Human Law and Human Justice, Maitland Publications Pty Ltd, Sydney, 1965, p. 210.

② Julius Stone, Human Law and Human Justice, Maitland Publications Pty Ltd, Sydney, 1965, p. 36.

件冲突时,自然法就成为挑战现行社会制度的革命工具。

斯通的著作《人类法律与人类正义》的前半部分是有关自然法的历史材料,而后半部分谈到了复兴自然法,作者关心的是关于正义的当代理论和现实。所以一个评论者说斯通在论述柏拉图的时候用了五页的篇幅而对边沁却用了整整四十五页,这并非偶然。[①] 自然法思想在经历了一个多世纪的衰落之后,在20世纪初开始了"复兴"[②]。自然法关注理性与正义,所以正义问题向来都是自然法重点研究的问题。斯通拒绝了当代在自然法问题上的几个过于简单的观点,一个是由沃德(Wild)提出的,沃德认为,除非我们承认自然法的存在,否则作为理性戒律的伦理的存在就是可疑的,并且建立在理性基础上的世界共同体的梦想就会成为纯粹的幻想。斯通认为,这样的理论是实证主义者和自然法学者间在当代长期论战的最后结论,但它不能自明到自动地形成一个关于这一争论的前提。斯通批评的另外一种他认为是对自然法过于简单化的理论是J. C. 默里(Marry)的"公共一致(public consensus)"理论,"公共一致"指的是被"遵守理性的聪明人的仔细研究"而发现的"公共""意识"。斯通问道:只有自然法学者是"聪明的"或行使了"理性"吗?并且,仅将"人的本性"作为自然法思想的标志是非常不具有包容性的。自然法和其他关于正义的思想的分离仍然隐藏在"自然"一词的含糊性中。不管是"实证主义者"还是"自然法学家",人们应该去追求实现所有人的正义,应该努力去辨别、描述、实现那些值得人们去接受和支持的法律。

斯通认为,实证主义者在反对自然法理论时所提出的关键问题有三:自然法学者已经表明他们可以从事实中得出道德原

---

① Jerome Hall, review of Julius Stone, Human Law and Human Justice in George Washington Law Review, 34, 1965 - 1966, p. 389.

② 所谓自然法的"复兴"并不是严格的自然法思想本身的复兴,而是对它进行的法学研究的复兴。现在我们面对的是对自然法的历史、哲学基础和实践应用的重新审视。

则吗？他们已经解释实证法仅因为违反自然法就不是法律了吗？他们可以声明他们认为不证自明的东西，所有人都会认为是不证自明的吗？他认为这些问题仍然是复兴自然法的中心问题。直接面对这些问题会比进入支持或反对古代或现代的大哲学家的阵营收获更大。因为对这些问题的直接面对，会对当代关于自然法的争论比以前更有效果，并能在一定程度上为自然法学者和实证主义者的联合，或至少是共存的基础铺平道路。①

传统的自然法思想家认为，自然法和实证法的并存意味着，当自然法和实证法冲突时，只有一种是有效的，用通常的话讲，当实证法违反自然法时，它就不是法，或用阿奎那的话说，"它已不是法，而是对法的违反"。斯通提出这样的一个问题，没有自然法，我们就不能将正义视为人类最可珍惜的价值吗？希伯来先知激励人们对更高的正义理念的献身却并没有求助于中介性的"自然法"。斯通并不质疑通过自然法理念获得正义的价值。而是认为，我们应该认识到，正义也可以在不运用自然法这一概念的情况下被有意识地和虔诚地追求。"对确定的原则的渴望和它们的实现并不是一回事，即使这种渴望和一个因为时间的流逝而变得空洞的名称（自然法）相联"。② 他认为，在关于正义的几千年的讨论中，自然法是探讨作为法律的正义标准的最好的方式。或者，它的内容主要或完全来自于自然法，其实，此时自然法为批判实证法提供正义标准的功能占据了正义的整个领域。这可能是因为多种原因，包括法律控制宇宙秩序和使人服从神圣理性的力量，以及按照自然法检验实证法的力量。"但是我们相信，在今天这个阶段，认为对正义的关注是自然法学家排他性领地的假设是无法保证的，如果关于

① See Julius Stone, Human Law and Human Justice, Maitland Publications Pty Ltd, Sydney, 1965, p. 213.

② See Julius Stone, Human Law and Human Justice, Maitland Publications Pty Ltd, Sydney, 1965, p. 294.

价值的对话要继续,这种假设必须被抛弃"。[1]

在多大程度上,实证主义和自然法之间的分歧可以通过相互让步而得以减少?斯通要努力发现是否存在一种在复兴自然法和法律实证主义者之间实现和解的基础。他发现作为自然法基石的价值原则是站不住脚的,同时他也发现了一些关于实证主义观点的困境。斯通提出了一个二者创造性共存的思路。他认为,大多数实证正义者和自然法学家的观点存在可能的和解。每一方的单个的思想家都会发现其他思想中的合理之处。这本身可以减少距离,并预示着对话的可能。因为,大多数实证主义者并不拒绝正义问题。今天的有些人坚持现代功利主义,另一些人坚持"良好基础"的伦理,其他人明白地宣布个人信念和献身,另外一些有存在主义的思想。一些人可能会对必须做的旅程充满怀疑。然而重要的是任何有思想的人应该为了实现社会正义而继续努力,不论结局如何,对正义的追求是这个变化社会中的人类的共同使命。

第二节 超越绝对与相对:实用主义正义观

美国法学教授 S. I. 舒曼在对斯通的正义观进行评价时说:"斯通对深入的哲学问题的拒绝隐藏在(如果不是明显的)自然法和实证主义的争论之中,因为斯通关于实证——绝对的争论的立场是实用主义的。"[2]因为斯通说:"如果认为,在特定时期和特定的地点,对不公正的法律(不管人们认为"法"根本上不是法,或者它是令人不能容忍的不公正的法)的反抗的胜利是决定性的,这是对现实的忽视。反抗最后必须要战胜的不仅是作为符号的法律的感情性权力,而且是那些制定它们和执行它

---

① See Julius Stone, Human Law and Human Justice, Maitland Publications Pty Ltd, Sydney, 1965, p. 294.

② Samuel I. Shuman, review of Julius Stone, Human Law and Human Justice in Uniersity of California Los Angeles Law Review, 13, 1965 - 1965, p. 1446.

们的人的物质性权力。”[①]斯通的这一实用主义正义观是在他对相对主义，特别是德国法学家古斯塔夫·拉德布鲁赫的相对主义理论，进行分析的过程中提出来的，因此在这里我们有必要先要了解拉德布鲁赫的相对主义理论。

一、拉德布鲁赫的相对主义

相对主义一般是指否定绝对的标准、原则或价值的理论，对这些绝对的标准、原则或价值的否定可以是公开的，也可以是隐含在随时间和地点而变化的标准、原则或价值中。在伦理相对主义以及相关的正义理论中，道德价值不是绝对的，而是被一些变量特别是被特定的历史条件因素决定的。相对主义经常和怀疑主义相联，也有时和历史主义、实用主义相联。对相对主义正义理论最全面和最系统的论述是由德国法哲学家古斯塔夫·拉德布鲁赫（Gustav Radbruch，1878—1949）作出的。以新康德主义价值哲学为背景，拉德布鲁赫对从马克思主义到新托马斯主义的当代哲学的广阔范围都有兴趣，他的著作包括了现代法律和社会的主要问题。

拉德布鲁赫把他的伦理和政治相对主义看做与同时代的非理性主义者的方式相反，但通过把他的立场建立在理性主义立场之上，他并不是说通过理性分析的世界把所有的问题都解释清楚了。从这一立场出发，他认为法律史和比较法在法律现实中发现了巨大的多样性，而不是自然法所宣传的一元的明确的正义理念，对特定法律内容是否正义的判断只有为特定的时间和地点的社会而作出。

沿着海德堡新康德主义路线，拉德布鲁赫说，在“我们的经验的尚未成形的原始材料”中，事实和价值纠缠在一起，意识对于事实有四种态度：价值盲（value - blind）、评价（evaluating）、

---

① See Julius Stone, Human Law Human Justice, Maitland Publications Pty Ltd, Sydney, 1965, p. 294.

价值相关(value - relating)和克服价值(value - conquering)。因为"法律"是一个文化现象,即一个与"价值"有关的事实。它仅仅可以"像人类的创造"一样被理解为是实现它的理念的手段。仅仅因为法律的理念在最后的意义上是正义的,法律的正义问题才出现。这一法律的"理念"是对法律现实的评价准则,与"评价态度"有关。

方法论上的双重性使拉德布鲁赫否认可以从事实中推出价值,从"实然"中得出"应然",尽管他小心地警告说这并能不排除事实对价值的原因性的影响。

对拉德布鲁赫来说,法律是一种现实,它的意义是服务于价值即"法的理念"。他又认为,像善、真和美一样,正义是一种未能从其他价值中得出的价值。关于正义,拉德布鲁赫区分了"主观正义"和"客观正义"。拉德布鲁赫关注的主要问题是作为人们之间关系的主观正义,他将平等置于他的正义理论的核心。

拉德布鲁赫和施塔姆勒一样,认为作为"法的理念"的正义是"绝对的和普遍有效的",但他也认识到,这仅是一个形式的理念。因此,从正义中得出制定得好的法律规则是不可能的。例如,这一理念本身也不能告诉我们在特定方面谁被认为是公平的和不公平的。为了确定运用公平的特别的内容,正义之外的另外一些理念是必须要考虑的,因为尽管正义是法律的特殊理念,法律的理念中还要包括其他两种理念,即功效和法律确定性。

构成"法的理念"的正义(Grechtigkeit)、法律确定性(Rechtssicherheit)和功效(Zweckmigkeit)三者之间处于不可避免的紧张关系之中。它们之间经常处于冲突之中,也没有一个原则来决定它们之中哪一个处于优先位置。这导致了"法的理念"内部的冲突。第一,他说,在正义和功效之间存在不可克服的矛盾。第二,在正义和法律确定性之间存在冲突,后者要求法律即使在不正义的时候也要得到执行。第三,拉德布鲁赫认为，在法律确定性和功效之间也存在冲突。拉德布鲁赫关于法律的理念间的矛盾的结论是，尽管存在冲突，但原则上它们共同地在所有方面统治着法律。他在另一处说道："它们对法律共同行使统治权，不是在无紧张的和谐中，而是在活生生的紧张关系中。"在产生这些矛盾的地方，决定作出者必须在它们之中作出选择。

第二次世界大战纳粹德国对正义和自由的摧残使拉德布鲁赫重新思考他的相对主义，他的立场发生了巨大的转变。早期他的相对主义中也有一些绝对主义的要素，他从他的相对主义中抽出了许多绝对的要求，也就是一些古典自然法的传统的要求，包括自由主义原则、法治、权力分立、人民主权、容忍。他早期的理论主张法律应参照正义的形式理念的要求，但他坚持"正义的理念"不能决定法律规则的内容，除非与特定的功效相联系，他认为正义的理念提供了对一个规则是否是法律的检验，但是他在这里说的只是某种形式上的要求。

在经历了纳粹时期巨大的社会变动和第二次世界大战时德国法西斯垮台以后，拉德布鲁赫开始修改他以前的理论。他认为，为了使法律名副其实，法律就必须实现某些绝对的要求。他宣称，法律要求对个人的自由予以一定的承认，以及国家完全否认个人的权利的法律是"绝对错误的法律"。

另外，目睹了纳粹的暴行，拉德布鲁赫于是强调他的法律确定性和正义之间的不可克服的矛盾。拉德布鲁赫放弃了他先前的观点，即在正义和法律确定性之间发生某种不可调和的冲突时，实在法必须优先。在早期阶段，他明显没有对法官执行实证法律施加限制，他那时写道："正义是法律的第二个重要任务，而第一个任务是法律确定性。"他还说："我宁愿不正义也不要无秩序。"在后期的著作中，他认为，正是法律实证主义使德国无力抗御纳粹政权的暴行，因而有必要承认完全非正义的法律必须让位于正义，他将其关于实在法和正义的关系的公式修改如下："除非实在法违反正义的程度达到了不能容忍的程度，以致法律规则实际变成了‘非法的法律’，并因此必须服从于正义，否则，就是当规则是非正义的并与公共福利相矛盾的时候，也应当给予实在法规则以优先考虑。因为，它是经过正当颁布的而且是受国家权力支持的”。通过这个公式，拉德布鲁赫在其晚年使自己转向了一种较为温和形式的自然法。他在这里的主要观点就是：在实证法和正义之间的矛盾达到不能容忍的程度时，实证法就不具有至上性了，在那种情况下，实证法要让位于正义。

二、斯通的实用主义正义观

从拉德布鲁赫后期法律思想的转变我们可以看出，他在这一阶段基本是以古典自然法的方式宣布了法律和正义的关系，除非法律符合自然正义的某种最低规范，那么它便不是法律。但宣称野蛮的不正义的法律根本就不是法律又引出了一个问题，那就是在实证法可以容忍的不正义的程度和使规则丧失法律的资格的程度之间划线的问题。无疑，像纳粹这样过分野蛮的政权很少出现，在这种情况下这条线会很清晰地划出。但还是有许多国家的实证法律，甚至是最野蛮政权的实证法，二者之间的界线也很难看出。斯通看到，拉德布鲁赫对这一问题也未作出多少贡献。

在法律与道德的关系上，自然法学者和实证主义者之间向来存在争论。自然法学者认为法律是道德的表现，他们把自然法融入他们的理论之中，实证法律必须经受他们的真或伪的检验。违反了一个反犹太的纳粹法，因为它违反了保存人类生命和尊严的客观法，所以它内在的是错误，不是法律。而实证主义者没有区分法律与道德，新分析法学的代表人物哈特提出了“自然法的最低限度的内容”的理论，他认为‘法律符合或反映一定的道德要求，尽管事实上往往如此，然而不是一个必然的真理”[①]。哈特最后的结论是,按照简单的实证主义原理,道德上邪恶的法律仍然是法律。而拉德布鲁赫最后的、非相对主义的立场是,一些法律内在的是邪恶的,以至于根本不能被视为是法律。

斯通对战后融合法律与道德的观点感到迷惑,他认为这些观点把两个问题融合在一起了,这两个问题分别是:一个规则是否是正义的和在它背后是否有法律强制力。他赞同哈特的观点,即法律与道德的分离仅仅指对法律与道德来说包含着不同的标准,而并非是说实证主义都对道德漠不关心。但他认为如果将诸如纳粹的法视为不可容忍的非正义的而否认它们的法律性,这是没有多少价值的。如果这样认为,这就成了和拉德布鲁赫所作的解释一样了。而按照拉德布鲁赫的观点,还存在一个在正义与人们无法忍受的不正义之间划线的问题。但这是没有实际意义的,因为“一方面,不论是不是法律,政治权威的走狗都会设法运用权力去实施它;另一方面,这一权力应当受到抵制,不管它实施的是野蛮的不正义的法律,还是野蛮的不正义的仅仅是假装的‘法律’”[②]。真正重要的不是比较实证主义——相对主义者和自然法——绝对主义者之间理论上的高下问题。“重要的问题是坚持一种立场或另一种立场在阻止人类倒退方面的社会功效问题,特别是在革命或社会变化或社会分裂时期更是如此”。[③] 斯通认为,其实拉德布鲁赫的观点和哈特的观点都不能保证蛮横的、不正义的法律总会受到抵制,而更少被成功地抵制;争论最多的是在每个理论之下抵制的可能性的程度。二者之中也不存在在哪种理论下抵抗的道德义务高于另外一种的争论。在纳粹德国,即使所有法学家和大多

---

① 哈特:《法律的概念》,中国大百科全书出版社 1996 年版,182 页。

② Julius Stone, Human Law and Human Justice, Maitland Publications Pty Ltd, Sydney, 1965, p. 252.

③ Julius Stone, Human Law and Human Justice, Maitland Publications Pty Ltd, Sydney, 1965, p. 252.

数人们接受拉德布鲁赫的后期观点,结果可能仍是同样的。纳粹的物质权力和宣传技术的运用可能会压服德国法学家的法理抵抗。在这个社会中,立法权力归属于一个稳定的中心权威。因为,在民主政体和专制政体下,那些制定法律的人能够这样做是因为这一事实,即他们当时在社会中运用着统治性的政治或物质权力。因此,"'法律'命令的能力在一定程度上不仅是'法律'符号的感情力量的功能,而且是社会上处于控制这一符号的位置上的人控制的功能。"[①]最后,斯通认为,"把人们从专制的不正义的法律中解放出来不是反抗理论的功能,也不是法律的理论和法律与正义的理论的功能。解放是对现实的反抗,包括对授予物质和政治权力的现实的反抗"[②]。无疑,这些现实需要求助于这些理论;那些反对这些现实的人同样需要求助于这些理论。但是说在特定的时间和地点,对反抗这些不正义的法律的成功有决定性的,是人们是把这些"法律"视为根本就不是法律,还是将它视为无法容忍的不正义的法律,这是忽略了严峻的现实。这也就是,反抗最终要战胜的不仅是"法律"符号的感情力量,而且是那些试图制定和执行它的人的政治和物质力量。与此相比,并且比起战胜它所必要的精力和牺牲来,在哈特或拉德布鲁赫和富勒理论间的比较的好处实在是太微小了,以至于不值得作进一步的讨论。可以看出,斯通通过对拉德布鲁赫的相对主义正义观的评价表达了他的正义思想,超越相对与绝对的争论,判断正义应该从哪种正义能阻止人类社会的倒退的比较功效的角度进行考虑。所以,在这一问题上,斯通的立场可以说是一种实用主义的。

---

① Julius Stone, Human Law and Human Justice, Maitland Publications Pty Ltd, Sydney, 1965, p. 255.

② Julius Stone, Human Law and Human Justice, Maitland Publications Pty Ltd, Sydney, 1965, p. 255.

第三节 正义的"准绝对"标准和"正义飞地"

按照斯通对自然法－法律实证主义争论的深入的哲学问题的拒绝态度,以及他对这些问题的实用主义解决办法,人们可能会期望斯通能提出一个可以持久解决这些问题的利益偏重的方法。斯通不仅拒绝了庞德的法律假定①,而且拒绝了这样的理念,即对于有限的立法领域,有可能发展一种关于正义判断的普遍同意,它可以作为作出有关正义的理论需要的价值判断的绝对基础。斯通重复他早年对庞德法律社会学的法律假定的批评,并且争论说,当前现代文明国家的生活变化如此之快,在可能的有争议的问题上形成深入的一致不是更简单,而是更困难了。结果是,即使是一个建立在受时间性和空间性限制的绝对的基础上的理论也不可能产生任何有用的一般标准。像他在自然法－法律实证主义争论中的哲学问题所持的实用主义态度一样,斯通在这里也没有提出一个有效的选择。

斯通也考察了为法理学提供帮助的语言学的早期历史。这一考察使作者得出结论说,语言学分析其实对理解充满感情色

① 法律假定是庞德理论的一个部分,他受科勒的影响,提出了法律假定思想,为他的社会利益思想提供了框架。从广义上说,他的法律假定由包含公众道德情感的一系列因素组成,这些法律假定由于人们行为的合理性的期待而受到法律的强制力的保护。这七个法律假定是庞德在《通过法律的社会控制、法律的任务》和《法理学》第一卷中体现出来的。具体来说,这七个假定有:1. 在文明社会中,人们必须假定其他人不会故意对他们进行侵犯;2. 在文明社会中,人们必须能够假定他们为了享受其各种权益的目的,能够控制他们所发现占用的东西、他们自己的劳动成果和他们在现行的社会和经济秩序下所获得的东西;3. 在文明社会中,人们必须假定进行一般社会交往的人将会善意地行为;4. 在文明社会中,人们必须能够假定那些采取行动的人在行动中会采取应有的注意不给其他人造成不合理损害的免除;5. 在文明社会中,人们必须能够假定那些持有可能益出而造成损害的东西的人,将对他们加以约束或置于适当的范围;6. 每一个人都有权利假定他们在社会中的生活压力都来自社会;7. 每一个人都有权利假定他的最起码的生活标准应得到保证,不仅仅是达到这一标准的机会平等,而是在获得物质的满足方面的平等。

彩的词语如"正义"帮助甚少。"简而言之……试图在他们实际发生的环境中从'正义'的用法中得出一些一般的含义似乎是没有希望的，甚至是荒谬的"。①

斯通建议我们抛弃自然法，他发现庞德的实用主义路线是站不住脚的，语言分析是无效的。他提出了一个"准绝对"的正义标准。

一、理念中的正义和现实中的正义

长期以来，人们对正义理论的关注是对正义理念给予一定程度的理性构建，尤其是将它与一些最终的来源相联，这些来源表现为"自然"、"功利"或是"人类利益"。正义理念在许多方面给法律和法学著作带来意义。斯通认为，现在，正义理论本身需要回到最根本的问题："什么是正义？"什么是人类正义理念的实质性要求和内容？"平等"是正义的绝对要求吗？斯通认为，"平等"也不能表达正义的绝对要求。因为"我们仅能提供以上所提到的一点，即社会组织应当作为最小量来尊重人类形成、满足、连接他们利益的要求。它并不能使我们对正义的实现超越形式的层面而进入实质的层面"②。他认为人们不能在所有方面都坚持在法律面前的平等对待和职位的平等。因为事实上的职位总是不平等的。法律对这种权力、智力和个人运气的实际上不平等的平等对待总是正当化甚至是加深这种事实上的不平等。

自然法设想人类社会受不变因素的支配，在正义问题上，自然法认为，正义的实质内容是被自然中的不变因素决定的。"人类本性"可以被用来表明包括某种普遍性的特征，这可以作为实质的和绝对的伦理行为的基础。同样的原因，它在涉及的

---

① Julius Stone, Human Law and Human Justice, Maitland Publications Pty Ltd, Sydney, 1965, p. 310.

② Julius Stone, Human Law and Human Justice, Maitland Publications Pty Ltd, Sydney, 1965, p. 334.

行为的种类和范围与“正义”相关时，也可以给我们一些关于正义的实质性的绝对原则。但人类本性必然是普遍的，才能被评价为是有意义的，这一假设本身就是没有得到证明的。斯通认为，就像同样的植物在不同的条件和培植技术下会“自然地”表现出不同的特征一样，事物对人来说是自然的，尽管它们实际不能在所有人身上表现自己。人类本性就像植物一样，随着文化和其他特点的不同而呈现出巨大的差异。他相信随着时间的变化，人类的伦理信念必然会有一个变化与进步的过程。

斯通已经明确认识到弥合从“实然”到“应然”鸿沟的愿望。他试图为人类生活的控制建立一种有效的理论，而减少人们不希望看到的专制的后果。“从在历史决定的社会中对这种标准的接受过渡到宣布它们是绝对的，这会忽略（或假装跳过它）事实和价值间的、‘实然’与‘应然’之间的鸿沟”。[①] 以此为基础，斯通为“历史现阶段的工业化的西方的人们”提供了一系列他称为“仅仅是准绝对”的指示。

二、正义的“准绝对”标准

正是在以上认识的基础上，斯通认为，对于人类来说，在历史现阶段工业化的西方，在人类的本性和潜能与每个人的个人环境和社会环境的相互作用中，在正义的理论与正义的一般感觉的相互作用中，产生了某种正义的实质标准，我们认为它对我们这一代是明确的，在这个意义上是准绝对的。而且，即使它们有实质性内容，它们也不能在康德的意义上被认为是绝对的，它仅仅是准绝对的——也就是说它被运用于我们，运用于人类的这一代，依据它来进行认识和行为时，它是绝对的。他认为，因为对自然一词使用的混乱，将这样的“准绝对标准”称做“自然法”哪怕是“内容可变的自然法”也是历史性的错误，

① Julius Stone, Human Law and Human Justice, Maitland Publications Pty Ltd, Sydney, 1965, p. 335 - 336.

并且对于明确的理论来说也是危险的。斯通把他的"准绝对"的正义标准概括为一系列的指示:①

1. 社会组织必须保证每个人在形成和要求他的利益方面是自由的,将每个成年的理智健全的人视为是道德上自主的。这可以称为是对自由要求利益方面的指示。虽然斯通认为它的最终意义可能大多是程序性的或形式性的,它的作为基础性假设的重要性使它处于为现代社会宣布正义的准绝对标准的入口。他认为,正义是三个变量的功能:第一,经常随时间和地点而变的人们的需要、要求、愿望和主体的心理因素。第二,在时间和地点中可以得到的满足他们的个人的、资本的、环境的、服务的资源。第三,在这些需要、要求、欲望和主体与可得资源之间的紧张关系的解决。这个解决从原始社会的血亲复仇过渡到现代的复杂精致的法律体系和解纠机制。要有人类自由形成和表达它们利益的有秩序的渠道和程序。②

2. 为社会控制的目的通过法律所作的利益和负担的调整或转换,应当仅仅按照这个世界的善和恶来进行。斯通在这里说的是,在现代社会中,正义需要法律,即使它不能完全被法律取代。这一指示教导我们不能通过对上帝之城的赞美而原谅在人类中非正义的延续。

3. 行为者要最大可能正确地认识到他从事某种行为的所有环境因素。这可以称为是负责地发现行为环境的指示。斯通认为,我们要获得尽可能多的关于某事的所有事实和价值的相关信息,特别是与事实关联的冲突的价值。因为它们全都受到被决定的行为的影响,所以不将它们纳入考虑,不管决定是如何作出的,那也是正义的失败,一个关于事实的这种指示的极端运用就是,如果按照一个实际上不可能被做得到的规范去

① Julius Stone, Human Law and Human Justice, Maitland Publications Pty Ltd, Sydney, 1965, p. 341 - 345.

② Julius Stone, The Province and Function of Law: Law as Logic, Justice and Social Control, Sydney: Associated General Publications Pty Ltd, 1946, p. 785.

惩罚对它的反抗,那就不是正义的。

4. 所有的行为应当尊重人们之间的互利原则。可称为人们之间互利的指示。

5. 一般来说,所有的行为应当尊重人们之间的平等原则。可称为在人们之间平等的指示。这里的平等意味着采取的行动应当是这样,即它应该平等地影响到相同情况下的人,并且平等地对待在相同的情况下被先前的行为影响的人。

6. 任何对社会承认的利益分配的严重侵犯应当通过给予受害者适当的赔偿而得到弥补,这是为那些受到冤枉的人提供援助的指示。一个行为对一个社会承认的利益的分配造成的严重侵犯时,就应要求对这种侵犯的纠正。古老的将正义视为对平衡与和谐的恢复的理想,不管是否得到理论的支持,在现代人类关于正义的经验中获得了支持并得以加强。

7. 一个人对社会的贡献应该得到承认。这是奖励那些对社会承认的安排作出贡献的人指示。斯通认为,在行为者对社会承认的安排作出贡献的地方,人们必须表达对这种贡献的感激。这种表达是具体的奖励,还是仅是恭敬的行为,依赖于这种贡献的大小和为之而作出的牺牲的大小,以及对特定社会中的习惯和风俗的认识和在特定情形的主体所处的位置。

8. 一般来说,任何对社会接受的价值的严重违反或对社会接受的利益分配的侵犯,应被明确地否定。

9. 惩罚应尊重侵犯者的尊严,在任何情况下不能超过侵犯的合理的比例。

8 和 9 是关于惩罚的指示,斯通认为,现代刑罚理论和实践的发展仍然认为,严重地被否认的行为应该受到惩罚,虽然对于什么是“严重地被否认”的范围已经发生了巨大的变化。与奖励相反,惩罚可以是施加具体的痛苦,也可以是通过谴责或其他的否定的象征性表示。它随着涉及的行为、群体习惯和风俗、涉案的行为者的具体情况而变动。然而,现代经验已经认识到惩罚不能与它所反映的恶行程度不成比例,不尊重侵犯者作为人的尊严的惩罚不能服务于社会生活的有价值的目的,但是相反却瓦解了社会生活建立于上的一般人性的感觉。

三、"正义飞地"

正是从正义的"准绝对"标准出发,斯通提出了他的"正义飞地(enclaves of justice)"的概念。正义的"准绝对"标准对"此时此地"的社会所作出的贡献,在时间的长河中代表了历史性地获得的正义的飞地。① 斯通正义的飞地的理念指的是一种被非正义包围着的正义之岛,正义之岛或"正义飞地"是经过巨大的努力从敌对地区夺取过来的,并且面临着非正义侵犯的危险而并不安全。就像人们通过斗争来获得或尽量保持它们一样,"正义飞地"不仅包括基本一致的领域,而且包括了从不同的甚至是冲突的理论中产生的原则的会合的领域。斯通对"正义飞地"的比喻的中心在于,鼓励对于历史斗争的某种思考方式,并鼓励那些在未来献身于正义问题的人在感情上和知识上的担当。他认为,辛苦获得的飞地必须被努力维护以免成为倒退的目标。他将纳粹的过度压制视为飞地的脆弱性。确实,在所有种类的社会中,正义的悲剧性在于,即使在较稳定的环境中,哪怕是确定的飞地也存在着脆弱性。即使一个飞地被作为整体牢固地拥有,对于社会的部分来说,这也是被危险地拥有的。社会和它的正义是双重的甚至是分裂性的,就像在非洲的种族歧视和美国南部的种族隔离,或是几个世纪里的许多社会的法律和社会立法的反犹太主义表现出来的一样。斯通认为,"正义飞地"中的稳定性和连续性因社会性质的不同而不同,并且在一个社会之中从此时到彼时而变动。"我们这里在这一点上指出,超越特定个人的经验和条件的某种因素,可能会打击到

① Julius Stone, Human Law and Human Justice, Maitland Publications Pty Ltd, Sydney, 1965, p. 344.

我们的全体拥有的正义的飞地。”①

在对正义的飞地的保护中，会存在挫折、动荡甚至倒退，我们承认的对某种价值的拥有可能会在动荡和挫折的时期被暴露和打断。面对如此的局面，我们应该感到绝望吗？斯通是一个乐观主义者，他认为，我们警惕在我们这一代中的这种后退和脆弱。这不是滋长我们的绝望情绪，而是在可能的地方，尽我们所能地更加坚定和有效地抓住和扭转它。在我们这个紧张的时代中，仍然有证据表明坚定和勇敢的人们可以保护已经获得的正义的飞地。熟悉 19 世纪 50 年代美国政治上的“麦卡锡时代”以及从那时到现在的关于公民自由的司法判决的人，没有一个人感受不到一个飞地的存在。大多数的其他政治民主政体保证了这种历史阶段已成为过去。印度知识阶层争取使来自英国社会和印度传统的“正义飞地”进入新的国家的努力已经成功，他认为，把这看做对亚洲的未来也是不无意义的。

斯通认为，这样的保持人类精神的高昂不能被误认为是人们对正义的未来保持盲目乐观和自我满足。也许现在比人类历史上的其他时候在所有人类社会的正义的飞地更容易受到减少和毁灭，它们很容易被通过破坏它们的物质基础而在一夜间遭受毁灭。这一事实使我们应比以往更加自觉地献身于正义的事业，包括我们继承的正义的事业。斯通认为，人类对正义的获得不是一次性完成的，也不是通过一次运动就毕其功于一役的。正义是一个累积的事业，人们对“正义飞地”的获得是逐渐地、辛苦地从不正义的地区夺来的，对它的保护也是逐渐的。斯通的态度是一种“乐观的实用主义的怀疑思想”。② 他认为，任何一代人都不能完成人类发展和拯救的任务，但没有一代人会拒绝对它们的追求。为迎接挑战，人类只有从他站立的

---

① Julius Stone, Human Law and Human Justice, Maitland Publications Pty Ltd, Sydney, 1965, p. 344.

② Max Rheinstein, review of Julius Stone, The Province and Function of Law in University of Chicago Law Review, 16, 1948 – 1949, p. 756.

地方出发,相应地,重要的是,他们必须记住这里是哪里,以及他是如何抵达这里的。“在正义与人类生活的任何意义上,一个阻止将正义作为一种充满困境、诡谲与挑战的难题而对之持续不懈的进行追寻与拷问的社会,势必是非人性的”。[①] 他对正义的最有结论性的态度是,尽管没有一个时代会完成人类的进步和救赎,没有一个时代会忽视他们。

斯通对这个世界的未来是充满希望的,他的想象力主要是犹太传统的产物,“夜晚过后必是早晨”。

他对正义的追求可以用他喜欢的另一句谚语来概括,“不要求你完成任务,但你也不能停止它”。

---

① Julius Stone, The Province and Function of Law: Law as Logic, Justice and Social Control, Sydney: Associated General Publications Pty Ltd, 1946, p. 355.

第四章　法律与正义的社会维度

宣告理论已经破产了,法官不是一台自动售货机,仅凭严格的三段论推理并不能自动产生一个唯一正确的判决。在摆在法官面前的多种替代性选择中,法官必须考虑正义的理念和社会的因素。人类的发展是为了正义而不懈斗争的过程,把"公平"、"平等"等绝对理念作为正义的唯一标准是虚幻的梦想。人们对正义的追求是从不正义的地区获得正义的飞地的过程,但这种已经获得的飞地也不是一劳永逸的,也会存在挫折甚至是倒退。人类所获得的正义只是"此时此地"的正义。"正义飞地"这一比喻的要点是要求那些致力追求正义的人作出某些感情上的担当。它指引我们回到为了我们现在所拥有的成果而作的历史斗争,以及回到这些成果本身;引向为了获得和保持这些飞地而作的社会的以及个人的斗争;引导大家关注那些在特定社会的内部或外部威胁我们所拥有的,或帮助我们抵御这种威胁的力量和条件。对正义和它的理论的研究要关注特定时间和地点中的特定情况、人类的过去与当前、他们生活的现实以及他们谋求理性地重建这一现实的理论。由此,斯通的目光转向了当代法律问题中的最后一个:在社会中研究法律。转向法律和正义在社会中的实现、法律与社会的关系等社会学法学关注的问题。

对社会学法学的接触是斯通在牛津大学期间开始的,但因为在当时英国的法律教学中占主导地位的还是奥斯丁开创的分析法学,此时斯通对社会学法学的了解尚是初步的。真正系统全面地接触社会学法学是斯通 1931 年到哈佛大学以后开始的。在哈佛，斯通结识了时任哈佛大学法学院院长的罗斯科·庞德。庞德是世界著名的法学家，社会学法学的领军人物。斯通在哈佛期间对庞德教授的法哲学情有独钟，并在1936年留校任教后成为庞德的同事，二人的个人关系亦非常融洽，斯通被时人归入"Pound's man"，即庞德阵营里的人。哈特教授20年后的《1945—1952年的英国法哲学与法理学》[1]一文在称赞斯通将社会学法学介绍给英国同仁时说："终于，英国的法学界有了自己的庞德。"[2]在美国期间，斯通和庞德合作过《法理学讲座大纲》（Outline of Lectures on Jurisprudence）。后来斯通应聘澳大利亚悉尼大学法学院院长一职时多经波折在很大程度上也是因为他的社会学法学的学术背景不能为澳大利亚法学界所接受。C. A. 赖特在《斯通论法理学》一文中说："熟悉庞德《法理学大纲》的人会发现斯通相当多地借助了庞德的方法和结论。斯通教授在通篇中承认他对庞德的感谢，不仅是在对庞德的《大纲》的引用中，而且是在与其在哈佛的多年共事中。……我们相信斯通教授是第一个承认他的著作背后的理念是来自庞德的人。"[3]

社会学法学从孟德斯鸠在历史、生活、风俗习惯种种方面去研究法律的"精神"开其端，中经萨维尼的"民族精神"、梅因的认为法律的制定和执行与社会的发展和进步密切相关的理论、孔德的实证主义、塔尔德的"模仿理论"、埃利希的"活法"，到了20世纪，罗斯科·庞德成为社会学法学的领军人物。庞德在詹姆斯的实用主义哲学和霍姆斯的实用主义法学的基础

---

① A. L. A. Hart, Philosophy of Law and Jurisprudence in Britain (1945 - 1952), America Journal of Comparative Law (1953), 355 - 364.

② 哈特在后来谈到，事后他认识到斯通对此语有反感，斯通认为哈特说他从庞德那里拿来了太多的东西，而哈特的本意是说斯通给英国带来了对社会学法学的理解。参见 Leonie Star, Julius Stone, An Intellectual Life, Oxford University Press and Sydney University Press, 1992, p. 159.

③ Cecil A. Wright, Stone on Jurisprudence, University of Toronto Law Journal, 1947 - 1948, p. 237.

上，吸收了美国社会学家罗斯关于社会力量和社会控制学说以及欧洲社会法学派和新黑格尔主义的某些理论观点，导出了经由法律实现社会控制，协调个人利益、公众利益和社会利益，实现其间微妙平衡的社会学法学。斯通在接触社会学法学之初便被其吸引，其一生治学，在与庞德的长期交往中，在对法学进行阐述的过程中，始终是社会学法学思潮的皈依者，他的学术兴趣乃是以分析法学为器而在社会学法学里起居其道，其结果，入乎其道而出乎其内，自成一格。[①] 所以他对法律的分析是以社会学法学作为理论起点的。[②] 斯通对社会学法学的研究集中体现在他的《法律的范围与功能》中的"法律与社会"和他的三部曲中的《法律与正义的社会维度》中。他在《法律与正义的社会维度》的开篇即提出"我们在这里提出现代民主政府在将法律用做社会控制和达到正义的手段时所面临的环境和任务。我们也试图借助法学、政治学和社会科学的知识弄清这些问题"[③]。他的社会学法学思想主要包括以下几个部分：沟通"实然"与"应然"、法律对冲突利益的调整、法律的依赖性、法律是实现社会控制的工具。

---

① 参见许章润：《法律理性与人类正义——对于朱利叶斯·斯通教授聘任案的社会——学术史分析》，收入许章润著《法学家的智慧——关于法律的知识品格与人文类型》，清华大学出版社 2004 年版，第 221 页。

② 斯通这一学术兴趣的特点也可以体现在他的几部著作的结构安排上。在他的成名作《法律的范围与功能》（*The Province and Function of Law*）的三个部分："法律与逻辑"、"法律与正义"、"法律与社会"中，"法律与社会"占了一半还强的篇幅。在他的三部曲：《法律体系与法学家推理》（*Law System an Lawyers' Reasonings*）、《人类法律与人类正义》（*Human Law and Human Justice*）和《法律和正义的社会维度》（*Social Dimensions of Law and Justice*）中，《维度》也是篇幅最长的，洋洋洒洒 800 页之多。

③ Julius Stone, Social Dimensions of Law and Justice, Stanford University Press, 1966, p. 1.

第一节　社会学法学的基本问题

一、社会学法学的一般范围

19世纪末20世纪初,工业化的西方资本主义国家发生了一场以整个社会为背景来看待和研究法律的运动。在这场运动的冲击之下,"法律毕竟是法律"(the law is the law)的金科玉律被打得粉碎,法律制度不再被认为是完全脱离政治、经济和社会生活而独立存在的和不可更改的,法学研究也不再是法律专业人员的专擅领域。而此时,法律秩序和社会秩序的关系成为法学和法理学的中心问题。人们将注意力投向法律对人们的态度、行为、组织、技术和权力的影响。因为特定的法律秩序本身就是社会秩序的一部分,法律秩序的形成中就必然包含社会秩序中的法律外因素对法律秩序的形成、运作、变化的影响以及法律秩序对这些法律外因素的影响。正是在这一学术背景下,斯通展开了对社会学法学的研究,并终其一生都在进行这项研究。斯通认为,对法律的研究应该包括三个部分,即逻辑和法律推理在司法和法学过程中的作用;对法律进行评价的正义的理念;法律和社会的关系。而社会学法学就是研究"在特定的社会中法律秩序对人类的态度和行为的实际影响以及人类的态度和行为对法律秩序的影响是什么"①。为研究这一问题,"我们必须运用相关的法律知识,而且要从其他学科吸取更加多样化的材料。为论证或检验我们对社会和法律的了解,我们必须超越法学的褊狭,人类学、政治学或其他社会科学或人类科学的知识对法学来说同样重要"②。而在对法律与社会

---

① Julius Stone, The Province and Function of Law: Law as Logic, Justice and Social Control, Sydney: Associated General Publications Pty Ltd, 1946, p. 382.

② Julius Stone, Social Dimensions of Law and Justice, Stanford University Press, 1966, p. 2.

的研究中，人们必须要运用其他社会科学的知识，包括比较传统的学科，如人类学、经济学、地理学、心理学以及那些涉及社会、伦理和政治制度的学科知识，也包括那些最新的学科，如社会统计学、社会心理学和社会学等。

而与法律的社会学研究并列的其他两个部分是：法律与逻辑、法律与正义。自然法学家相信一个先验的存在或是全能的统治力量（如自然）预设了所有人必须遵守的正义和道德观念。这些观念是永远的普遍正确的。人定法律是从这些普遍的道德法中通过理性的力量而产生的。正义与道德的概念内在于人类的本性之中，这是许多现代人权原则建立的基础。分析法学者认为法律来自于两个不同的途径，即道德法是与自然法等同的，而作为人们的集体意志代表的由主权创立的实证法却与此不同。实证法与自然法不同，因为它有法律约束力。对于法律对社会的作用以及社会因素对法律的作用的研究和分析法学的研究、关于正义的理想和理念的研究的区别在哪里？斯通对此作了一些说明。

社会学法学的研究与分析法学的研究不同。斯通认为，首先，分析法学将法律规范与心理的、社会的、政治的和经济的事实相分离，而这些因素之间的关系却是社会学法学的研究重点。第二，分析法学仅关注稳定的法律秩序，而社会学法学关注的是法律秩序之间不断变动的内容。它关注那些可以影响变化过程的法律秩序的那些部分，包括那些或多或少无意识地引导着法律态度的理念。① 因为这些理念被社会学法学家视为是一种包含在法律秩序中的事实，这些事实与一般社会背景下的社会事实的关系是社会学法学家研究的对象。社会学法学范围中包含当前社会的理念和理想，社会学法学家是把它们作为一般社会环境的事实的组成部分来进行研究的。当然，这些

① See: Julius Stone, The Province and Function of Law: Law as Logic, Justice and Social Control, Sydney: Associated General Publications Pty Ltd, 1946, p. 382.

理想也是正义理论关注的问题。然而,社会学法学是从不同的角度来研究它们的。他们试图证明拥有这样的理想的事实对法律秩序的实际意义,以及法律秩序对这种理想的意义。它不像在正义理论中那样去关心这样的理想是有效、无效或不相关、有用或无用。"总之,社会学法学和正义理论的区别就像在其他方面一样,前者是描述性,而后者是规范性或评价性的。一个涉及'实然',一个涉及'应然'。"①

二、沟通"实然"与"应然"

20世纪20年代末30年代初,在美国兴起了现实主义法运动②。从某种程度上来说,美国现实主义法学是从实证主义的视角来看待法律现象的。如其代表人物库克(W. Cook)所说:"律师就像投身于对客观物理现象进行研究的物理学家。他们对社会中的某些官员的过去的所作所为表现出浓厚的兴趣。因为他们要通过这些信息来预测官员在将来可能要做什么。"③社会学法学家忽视正义问题而将重点放在与法律有关的社会事实上,特别是法院的现实生活中的具体行为上。如卢埃林认为现实主义者"以事实来检验观念、规则和公式,并试图使它们与事实保持一致"④。在"实然"与"应然"的关系上,美国现实主义者实际并未拒绝正义问题的存在,但他们坚持"为了研究

---

① Julius Stone, The Province and Function of Law: Law as Logic, Justice and Social Control, Sydney: Associated General Publications Pty Ltd, 1946, p. 382.

② 之所以称它是一场"运动"而不是一个学派,是因为各个现实主义法学家所持的观点各不相同,所以严格来说,美国现实主义法学并不能称为一个学派。亨特在《法律中的社会运动》一书中说:"人们现在一致认为法律现实主义不构成一个学派,更确切地说它是一场运动。"(Alan Hunt, " The Sociological Movement in Law", The Macmillan Press Ltd, 1978, p. 37.)

③ W. Cook, The Logical and Legal Basis of the Conflict of Laws, 33 Yale L. J. 475(1924).

④ K. N. Llewellyn, Some Realism about Realism, (1931) 44, Harvark Law Review, 1222.

的目的将‘实然’和‘应然’作暂时的分离”①。而在这一问题上，卢埃林和庞德曾经有过一场争论，庞德坚持普通法的“已接受的理想”是我们法律材料的一部分。在对二人的争论的问题进行评论的基础上，斯通表达了他关于“实然”与“应然”，以及他在正义理论和社会学法学研究的关系上的看法。

斯通认为，如果卢埃林对区分“实然”与“应然”的主张被解读为指的是观察者应忽略那些实际可以影响行动者（法院）理想的那部分事实，即林赛（Lindsay）所称的“操作性理想”的事实部分，很明显，这是没有根据的，我们也不能指望卢埃林打算走这么远。对于大部分人来说，很明显，他并不要求观察者忽略行动者的理想，而是要求观察者将他个人的要求放在一边，以使他观察和描述的准确性不受干扰。而庞德的实用主义正义理论将系统的社会学观察作为他方法的一部分。斯通认为，庞德没有落入狄骥将社会事实和行为与他的评价方法混同的谬误，但是他经常混淆两个明显不同的过程，一个是对事实的观察，另一个是通过对利益和法律假定的示意性的安排对它们所作的评价。其实，正义的相对主义标准会模糊“实然”的领域和“应然”的领域之间的界限。②

如果要真正理解庞德和卢埃林争论的意义，必须首先了解二者的分歧之处。斯通认为，法院关于应当是什么的观点——社会理想，或正义的理论或政策，在很多时候会影响到判决。从法院本身的角度来看，它的判决受到“应当是什么”这一理念的影响。而从历史学家或判决的研究者的角度出发，那一“应当”就成为“是”，对他来说重要的不是“应当”的有效性，而是

---

① K. N. Llewellyn, Some Realism about Realism, (1931) 44, Harvark Law Review, 1222.

② See: Julius Stone, The Province and Function of Law: Law as Logic, Justice and Social Control, Sydney: Associated General Publications Pty Ltd, 1946, p. 382.

法院接受那一"应当"并因而允许他的判决受到影响的事实。[1]斯通认为,正是从后一意义上,庞德坚持普通法的"已接受的理想"是法律材料的一部分。他的意思是说行动者关于法律应当是什么的理想是可观察的事实的重要部分。

所以,斯通认为,对人们必须遵守的理想的研究,"这些理想是什么,它们从何处来又走向哪里"是社会学法学资料的一部分,是对社会中的事实的经验研究的一部分。另一方面,按照伦理或其他价值准则对这些理想的评价不仅是经验问题,尽管它会将社会学研究所发现的概括作为必不可少的部分吸收进去。它与这里所指的正义理论有关。而斯通认为,现实主义者也并非不研究正义问题,自从现实主义运动过了它的顶峰,它的学者们便开始转向正义问题,转向应然的判断。卢埃林只是说为了研究的需要而"暂时"区分"实然"与"应然"。另一些人强调了"对社会可以容忍的人的满足",法律应该是"理性地或以最大可能地一般方便的方式行为","仁慈"和需要认识到"代表公共态度和不压抑公共利益"的理念。斯通认为,在这些现实主义思想的趋势中也可以看出建立正义标准的努力。

正义理论研究的是"应然",而社会学法学研究的是"实然",斯通认为,对正义的追求和社会生活中的已有事实深深地交织在一起。这种交织体现在很多方面。首先,被当局持有并影响他们的立法活动和法律适用活动的正义理论是社会和法律过程中的重要事实;第二,正义理论必须经常接受社会学研究的发现的检验。"这是历史事实的多样性与对于价值的批判性评价的不断遭遇"。反之亦然;第三,人,特别是群体中的人,有一个将"实然"变成"应然"的心理倾向。因此有必要认识到,在这个意义上,"应然"代表了一个社会学研究的重要领域。那一研究涉及与已有事实间的关系即:既定的社会和物质环境

---

① See: Julius Stone, The Province and Function of Law: Law as Logic, Justice and Social Control, Sydney: Associated General Publications Pty Ltd, 1946, p. 383.

的事实和那一环境中的人们接受一定心理态度的事实;第四,现代存在一个人们普遍接受的观念,每一个在法律范围内"应当"的理想一定要建立在人们的具体评价之上,在这种具体的语境中,理念才得以实现;第五,这些语境中的一个重要方面是现实生活中的人们的实际伦理态度;最后,人类的评价(包括他们对正义的评价),深刻地影响着在特定的时间和地点中社会科学家的研究范围,以及他们在研究中使用的基本概念。

对正义的研究与社会生活的事实深入地交织在一起,但斯通认为,按照什么是正当的或什么是善的对法律的评价包含着远不止于仅仅对法律进行事实调查。将法律作为社会工具进行研究必然具有两个向度:第一是对法律和人类行为的相互作用和影响的研究,第二是人类应通过法律达到的效果的研究。社会学法学家(特别是现实主义者)对前者给予了过多的强调,而实际情况却是它们之间相互依赖。适当地运用来自于政治学、经济学、社会学和心理学的知识对事实的组织和解释仅是法官和律师使用的资料,而"在这一范围之外,尽管事实是被科学地组织的,但它们本身是无效的,因为它们不能评价自身"①。当事实被收集、组织和解释后,必然要涉及评价问题,而这些问题已超出了事实的发现而进入到价值判断的领域。

第二节　法律对冲突利益的调整

一、利益:社会学法学的主题

作为法律研究对象的"利益"这一概念可以追溯到 18 世纪,并已成为当代思想中广泛使用的概念。利益有多种表达方式,不同的思想家用不同的术语来表达它。它不仅体现在边沁

① Julius Stone, The Province and Function of Law: Law as Logic, Justice and Social Control, Sydney: Associated General Publications Pty Ltd, 1946, p. 387.

的快乐与痛苦中,而且体现在康德关注法律时所描述的人类个体的“权利”中。而随后的耶林对利益投入了更多的注意。他把法律看做“从最广泛的意义上来看,法律是国家通过外部强制手段加以保护的社会生活条件的总和”[①]。耶林关于法律的定义中包括了实质要素和形式要素。他指出,法律的实质性目的在于保护社会生活条件。法律的形式性要素在于法律具有强制力量。社会和人们之间的利益总是相互冲突的,只有依靠法律的强制力量才能平息这些冲突。如果法律没有强制性,那么,这种法律就是“一把不燃烧的火,一缕不发亮的光”[②]。耶林倡导的法学,被称为“目的法学”,他认为“目的是全部法律的创造者,每条法律规则的产生都源于一种目的”[③]。人类行为的目的有两种基本形式,二是个人目的,一是社会目的。他认为,利益是人类本性中的东西,人们为了达到自己的目的,就必须把自己的目的同别人的利益结合起来。

20 世纪初,在德国出现了一个以强调法官应注意各种“利益”为核心的思想,这就是以赫克为代表的利益法学。他继承了耶林的法律的目的在于谋求社会利益的思想,认为,利益是法律的产生之源。“利益法学意识到,正是利益才造成了法律规范的产生,因为利益造成了‘应该’的概念,在利益法学看来,法律命令源于各种利益的冲突”。[④] 利益以及对利益所进行的权衡,是制定法律规则的基本要素。而利益法学所说的利益是指人们生活中所产生的各种欲求,这种欲求不仅意味着人们

---

① 耶林:《法律,作为目的的手段》,转引自博登海默《法理学——法哲学及其方法》,华夏出版社 1987 年版,第 105 页。

② 耶林:《法律,作为目的的手段》,转引自博登海默《法理学——法哲学及其方法》,华夏出版社 1987 年版,第 105 页。

③ 耶林:《法律,作为目的的手段》,转引自博登海默《法理学——法哲学及其方法》,华夏出版社 1987 年版,第 104 页。

④ Philipp Heck, The Formation of Concept and Jurisprudence of Interests, selected from The Jurisprudence of Interests, Magdalenda School, Harvard University Press, 1948, p. 133.

“实际的需要，而且还包含着那些在受到刺激时，可能进一步向前发展的隐藏在人们心目中的潜在欲求。因此，欲求不仅只是意味着各种倾向，最后，这一术语还包含着使各种欲求得以产生的各种条件”①。利益法学要求，法官不仅仅在字面上遵循法律的规定，更应该熟悉法律中所包含着的利益，并且在处理案件时，尽量使自己的利益判断能够与立法者在法律中所表现出来的利益保持一致。“法官不仅应当运用一些法律命令，而且他还必须保护那些立法者认为值得保护的总体利益”。② 在社会学法学家中，庞德的利益理论是非常著名的，他将利益定义为“人类个别地或在集团社会中谋求得到满足的一种欲望或要求，因此人们在调整人与人之间的关系和安排人类行为时，必须考虑到这种欲望或要求”③。庞德认为，他所提出的法律假定就是对人类社会的利益进行综合、普遍表达的有力工具，人类的利益要得到法律的认可并得到国家强制力的保证执行。

二、作为法律调整对象的事实上的利益

秉承社会学法学的研究路向，斯通也将利益作为他的重要研究对象。他赞同庞德对利益的定义，庞德将利益定义为“人类个别地或在集团社会中谋求得到满足的一种欲望或要求，因此人们在调整人与人之间的关系和安排人类行为时，必须考虑到这种欲望或要求”④。从庞德对法律所作的定义中，我们可以

① Philipp Heck, The Formation of Concept and Jurisprudence of Interests, selected from The Jurisprudence of Interests, Magdalenda School, Harvard University Press, 1948, p. 130.

② Philipp Heck, The Formation of Concept and Jurisprudence of Interests, selected from The Jurisprudence of Interests, Magdalenda School, Harvard University Press, 1948, p. 130.

③ 罗斯科·庞德:《通过法律的社会控制、法律的任务》，商务印书馆 1984 年版，第 81 ~ 82 页。

④ 罗斯科·庞德:《通过法律的社会控制、法律的任务》，商务印书馆 1984 年版，第 81 ~ 82 页。

看出,庞德在这里是追随霍姆斯的,认为应在法律权利的背后追求人类利益的实现。斯通对此是表示赞同的。他认为,利益就是对欲望的满足,他说:"在追求普通原则中,我们不可避免地被带入这一更加普遍的原则,'善'的核心简单地说就在于满足需要。……伦理哲学的引导性原则简单地说不就是在任何时间尽最大可能地满足欲望吗?"①斯通在这里所指的是一种事实上的利益,一种可被感知的要求或主张。

人们通常会设想对利益进行调整的任务是在这些利益中实现它们之间的平衡或协调。斯通认为,这种想法是虚幻的。这一特定的平衡存在于"利益"概念本身的不明确性因素。他认为,如果明确了讨论的是事实上的利益(如人类要求),那么先于调整存在的明显不是这些要求间的秩序与和谐,而是冲突。作为社会学法学中心问题的利益的调整一定是一个妥协的过程。在这一问题上,斯通不同意帕森斯(Parsons)的利益平衡理论。帕森斯经常使用"平衡"、"联合"这样的术语。他的意思是说"法律在一个社会中有坚强的领地,在那里有许多不同种类的利益,它们相互平衡并在许多方面相互尊重"。② 并且"法律是一个重要的机器,通过它,一个稳定的相对平衡在一个变动的社会中得以保持"③。在这里帕森斯是说,法律和其他社会机制一起在长期冲突的利益中寻求一定程度的调整以使社会秩序能够维持自身。斯通认为,帕森斯的错误在于他似乎假设了一个事先存在的利益和谐。但他忘记了一个事实,在大多数经济政策问题上都有利益的冲突,而设想一个利益间的平衡是不现实的。

---

① Julius Stone, Social Dimensions of Law and Justice, Stanford University Press, 1966, p. 168.

② T. Parsons, The Law and Social Control , in W. M. Evan(ed), Law and Sociology, (1962) 58, at, 72.

③ T. Parsons, The Law and Social Control, in W. M. Evan(ed), Law and Sociology, (1962) 58, at, 72.

社会生活中的利益存在冲突，斯通认为，法律正是对这些相互冲突的利益的调整。法律规范的内容可以被用来表达那些已经获得法律保护的事实上的要求，法律本身也可以刺激新的利益。然而，尽管事实上的要求是法律运行的重要目标，但它独立于法律秩序的内容而产生。没有一种特定的利益或特定人的利益内在地比其他的种类或其他人的利益要好，所有利益同等地表现自己并表现为要求同等的法律保护的欲望。如果他们寻求法律的保护，法律必须要作出反应。当然，这也并不是指所有要求法律支持的利益都能得到法律的支持和保护，它仅是指所有指向特定问题的利益在决定法律采取的立场时必须被考虑在内。[①] 斯通认为，利益和法律的关系在四个方面表现自己：(1)确认什么是一定文明中的人们确切需要的事实上的利益；(2)划出可以给予这些利益以法律支持的限度；(3)可以为它们的实施提供什么样的原则、概念和机制以保护这些利益；(4)法律给予利益的限制是什么？

三、利益的分类

庞德的利益理论，特别是他关于利益的分类是非常著名的。帕特森甚至推崇说，庞德的社会利益的学说，是对法律哲学"最重要的贡献"，"他的关于社会利益的分类，包括了立法机关和法院在制定法律或解释法律时必须考虑的全部因素，庞德的利益理论起到了如门捷列夫的化学元素表所起的那样的作用……"[②]斯通正是在批判地分析庞德的利益分类的基础上展开了他对利益的分类。庞德把利益分为三类，即个人利益、公共利益和社会利益。个人利益是"直接包含个人生活中以这种

---

① See: Julius Stone, Social Dimensions of Law and Justice, Stanford University Press, 1966, p.168.

② 帕特森：《法理学》，转引自沈宗灵《现代西方法理学》，北京大学出版社1992年版，第295页。

生活的名义提出的各种要求、需要或愿望”。[①] 公共利益是“在政治性组织的社会生活中并以该组织的名义所提出的主张、要求或愿望”。[②] 社会利益则是“存在于文明社会的社会生活中，并以各种社会生活的名义提出的主张、要求或愿望”。[③] 斯通认为，庞德关于利益的三分法应该进行修正，公共利益的这一分支应该抛弃而只留下个人利益和社会利益。他分析了庞德的利益分类，指出，在庞德看来，社会利益仍然是个人利益，但它们是文明社会中涉及或从社会生活的立场来看待的利益，并从社会生活的角度来观察。按照庞德的观点，同一要求可以从不同的立场来观察。例如，一个纳税者要求应在所有的社会成员间平等地征收税款，从国家的运行依赖于运作良好的财政这一意义上来说，这是物质上的公共利益。这一要求也可以被看做是每一纳税人的个人物质利益，从这一立场看，某些纳税人的避税或免税会给其他人增加额外的税收负担。从政治制度的有效运转方面来看，这又可以被看做是一个社会利益。一个妇女要求从丈夫那里获得扶助的权利，尽管最容易从她本身的利益考虑，但也可以从保护作为社会组织之细胞的家庭的社会重要性的角度予以考虑，并作为受扶助人的最低生活的获得来看待。斯通认为，在这样的例子中，不可能将涉及的人类利益宣布为公共利益。庞德的公共利益包括两个方面的内容，即国家作为法人的利益和国家作为保卫者而拥有的利益。对于国际法之下设想的国家的“绝对”或“自然权利”如自决、独立、平等和尊严以及独占性的地区司法权和统治权，庞德将之视为“公共利益”。斯通认为，这些公共利益也是以社会和个人利益为

---

① 罗斯科·庞德:《通过法律的社会控制、法律的任务》，商务印书馆 1984 年版，第 37 页。

② 罗斯科·庞德:《通过法律的社会控制、法律的任务》，商务印书馆 1984 年版，第 37 页。

③ 罗斯科·庞德:《通过法律的社会控制、法律的任务》，商务印书馆 1984 年版，第 37 页。

基础的而没有它本身的独立存在。

在对斯通《法律的范围与功能》的评论中[1]，庞德表现出接受斯通的观点的态度。他似乎是说他坚持三分法仅是为了方便法律体系的教学，法律体系分为私法、公法和刑法。而且，庞德也似乎是说社会利益和公共利益之间的区别在于个人－社会－公共利益这种分类的某种模糊性。如果这一基础通过获得利益服务于某种目的，他承认，二者之间的区别应仅存在于个人利益和社会利益之间，每一种利益都可能转换成另一种利益。因为每一种利益都是个人的，它们都被个人所要求；而从获得它们的最终目的在于获得社会秩序这一面来说，它们又是"社会的"。另一方面，（他认为）如果分类的基础是人类维护利益的能力，这仍然可以按个人的、政治的和社会生活的主题来进行，所以利益应坚持这种三分法。直到后来，庞德仍然坚持这种三分法并宣称在社会制度的安全上公共利益最终服从于社会利益。

针对庞德对自己的利益分类理论的解释，斯通认为，"因为庞德的最终立场仍不具有包容性，所以在对事实上的人类利益的检验上，'公共利益'这一单独的范畴是一个空洞的范畴。从最好处说，它的作用在于将注意力重新转向个人的或社会的人类利益"[2]。个人利益和社会利益的分类依据，斯通认为是出于方便的目的而不是出于理论上的需要。并且，这种利益的分类经常会相互重叠，个人利益与社会利益在种类、实施和后果上相互纠缠，任何单一的排他性的分类基础都会混淆许多同样具有说服力的其他分类基础。斯通认为，个人利益可以分为人格

① R. Pound, review of Julius Stone, The Province and Function of Law in Harvard Law Review, 1946.

② Julius Stone, Social Dimensions of Law and Justice, Stanford University Press, 1966, p. 172.

和物质财产①。而社会利益可以表现为社会制度的安全,一般道德,个人的社会生活。②

在个人利益和社会利益的关系上,斯通赞同庞德将冲突的利益放入同一平面进行调整的思想。庞德曾在1943年表达了这一原则:"当我们按照其他的主张或要求来衡量或判断一种主张或要求时,我们必须将它们放于同一平面上来加以比较……如果我们按照政策考虑一方,我们也必须以同样的标准看待另一方。"③而对于公共安全和言论自由之间的冲突,人们经常认为这是以社会为一方和以个人为一方的冲突。在那些

---

① 斯通对利益的分类是非常烦琐的,他对个人利益的分类采取了列举的方式。他认为,个人利益或个人的社会中的个人生活条件应该包括以下种类:1. 个人身体完整;2. 意志免受胁迫;3. 意识和精神系统免受伤害;4. 感觉和感受性伤害的免除和隐私要求;5. 尊严和名声;6. 国家安全和原子时代的个人自由;7. 家庭关系中的个人利益:父母和子女;8. 家庭关系中的个人利益:丈夫和妻子;9. 控制有用物并排除他人控制的要求;10. 财产的哲学理论的社会学意义;11. 对控制物质的要求的一般变化;12. 合同自由;13. 自由选择职业的自由;14. 预期利益保障方面的个人利益;15. 预期利益:实施谈判和协议的要求和对价原则;16. 预期利益;17. 结社自由。

② 和对个人利益进行列举式分类一样,斯通对社会利益也是采取的列举式的分类。他将社会利益或个人的社会生活条件分为:1. 公共安全中的社会利益;2. 公共安全;3. 公共健康;4. 和平与秩序;5. 取得和交易中的安全;6. 社会制度安全中的社会利益;7. 社会制度中的安全:家庭方面的利益;8. 社会制度:家庭和离婚法中体现的利益;9. 婚姻的破裂和作为离婚基础的婚姻违法中双方的利益;10. 阻碍一个更理性的离婚法的因素;11. 社会制度:家庭和继承中的利益;12. 正当和法律制度中的社会利益;13. 政治制度:作为基础的税收;14. 政治制度:国家豁免的要求;15. 宗教和文化制度中的社会利益;16. 经济制度安全中的社会利益;17. 经济制度:商会、集体劳动合同、最低限度个人生活;18. 公共发展中的社会利益:经济发展;19. 公共发展中的社会利益:经济变革的影响;20. 经济发展中的社会利益;21. 政治发展中的社会利益;22. 文化发展中的社会利益;23. 最低个人生活标准中的社会利益;24. 人类资源中的社会利益:受赡养者、有缺陷者和违法者;25. 最低生活标准和已有经济和政治制度的保护;26. 公共道德中的社会利益;27. 刑法和道德的实施;28. 自然资源保护中的社会利益。

③ Pound, Social Interests, . citing Julius Stone, Social Dimensions of Law and Justice, Stanford University Press, 1966, p. 181.

情况中，很容易得出结论说个人要求须服从于作为整体的社会要求。斯通认为，作为整体的社会会关注作为个人的对言论自由保护的要求。最终，所有可能的社会和政治进步以及自由政府的保护都依赖于对言论自由的保护。因此，它们之间的冲突应被视为是在已有政治制度保护方面的社会利益和政治、文化进步方面的社会利益之间的冲突。所以，斯通指出，社会中的每个成员所提出的每一要求既有他个人生活的一面，又有维持他作为其中一员的社会的延续的一面。个人利益和社会利益按它们的性质来说是可相互转换的。基本的个人权利经常与那些有时被称做"至高的"社会利益相冲突。然而经常的事实却是"基本的"个人利益和"至高的"社会利益重叠，甚至是从不同的角度观察，它们是同一利益。

第三节 法律是社会－伦理信念与权力的结合

一、法律的依赖性

斯通的思想是试图综合各大学派的思想而成一体，但仔细分析可以发现，他的思想的主导成分是社会学法学的。他与其他的大部分社会学法学家一样，把法律看做许多社会压力类型中的一种。认为，任何对国家——社会和它们间关系的研究的起点，是"法律的社会起源和它的非自治性，以及在特定的时间和地点法律对环境条件以及那一环境条件下人类行为的依赖"[1]。在这一问题上，斯通继承了其他社会学法学家的思想。孟德斯鸠在他的《论法的精神》和《波斯人信札》中就将法律视为是"事物之间的关系"，而萨维尼宣布了法律对每一民族的内在意识——民族精神的依赖。梅因剥去了这一概念的神秘因

---

① Julius Stone, The Province and Function of Law: Law as Logic, Justice and Social Control, Sydney: Associated General Publications Pty Ltd, 1946, p. 649.

素,提出了社会变化和法律变化的关系的更为宽泛的问题。而政治分析,如波丹、霍布斯和奥斯丁的抽象逻辑分析将命令和权力作为法律的基础。埃利希的"活法"也体现了法律要依赖于其他的社会压力的思想。耶林坚持法律是为了人类目的的实现而斗争的产物,他将注意力投向在法律发展之下起作用的事实上的人类要求。他说:"法律的进化不像在真理的认识方面一样仅是一个知识问题,也是一个利益斗争的结果问题,这场斗争能够胜利所使用的工具不是理性和演绎,而是人类意志的行动和能力。"①耶林不再将民族精神视为是不可化约的与最终的,他坚持对社会因素的分析,这些社会因素影响民族精神,而通过民族精神影响法律。他认为这些因素包括智力和理念因素,以及相互冲突的利益和控制它们的权力之间的相互作用。耶林认为,法律仅是许多社会压力中的一种,耶林在很重要的方面预言了以后社会学法学的观点,法律是社会中的人们运用的最专门化的工具,它的社会意义和功效只有在作为整体的社会控制的框架内才能评价。②

二、伦理信念与权力的结合

法律的存在并不是自足的,它要受到法律外的其他社会因

① 耶林:《为权利而斗争》,见《民商法论丛》,第2卷。

② 如果仔细分析社会学法学各个代表人物的思想,我们可以发现,他们之间的共同之处是承认法律对其他社会因素和社会压力的依赖,强调法律外因素对法律和社会生活的渗透。我们还是可以发现他们之间的一些区别。即使在埃利希说"法律发展的重心不在立法,不在法律科学,也不在司法判决,而在社会本身"的时候,他也没有否定法律来自于国家,没有否认法律被法院作为"判决的规范"运用的独立身份。但另外一些法学家干脆否定了法律的独立存在,如孔德的机械社会学;斯宾塞的社会进化主义或社会达尔文主义;狄骥的有机社会连带;无政府主义。他们否定国家法像它本来应该的那样在社会生活中有一个必要的位置。如狄骥认为,在发达的工业社会中,劳动分工造成的社会连带和相互依赖创造了一个人类行为的自发的自我调整。无政府主义认为社会秩序可以不经过政治组织以及它的工具——法律秩序而获得。他们认为法律秩序的"人为"扭曲应被废除。在所有领域中人类行为的相互帮助和自由联合应该成为国家的替代物。

素和社会压力的影响。斯通认为，“法律是社会环境的产物而不是带有自己的生命循环的理念的体现”。[①] 法律要受到社会中多种因素的影响，这些因素包括“已有的技术和经济生产组织的压力，经济环境本身，人们对当时的社会和物质环境的反应的理性化程度，特定人种的生物遗传，在非生物学意义上的他们的一般和传统经验的社会遗产，社会群体的习惯中的选择和模仿的随机性，一些个体服从的倾向和另一些个体统治的倾向，一些个体模仿的倾向，那些占有立法、行政和司法优势的个人经验的不同和观点的变化——所有这些和另外其他的因素必须考虑在内”[②]。

法律在社会方面的复杂因素可以简化为比这更简单一些的形式吗？斯通认为，如果可以作这样的简化，可以归结为，法律是较大群体的相互作用的产物，这种相互作用是建立在社会伦理信念和对法律的服从的双重因素的基础之上的。他认为法律从社会学意义上来说是群体信念和权力关系的相互渗透，法律体现了社会权力，因为它被群体中的少数强加于多数的默认之上。但它的强制力建立在包括权力的行使者在内的整个群体的伦理信念的支持之上。从心理学上来说，对法律的遵守不仅服从于决定性的权力，而且建立在对非决定性的群体压力的遵守之上。

斯通将法律作为伦理信念与权力的结合的观点和他关于法律是实现社会有序化的一种工具的观点是密切相关的。他认为，广义上的社会秩序，可分为以下主要种类：(1)自然的秩序；(2)模仿的秩序；(3)外加的秩序。自然秩序，如在一个特定社会中的两个连续时期自杀、结婚或出生的频率，仅是对个人行为的概括。在这里作用于同样性格的许多个人的同样的身体

① Julius Stone, Social Dimensions of Law and Justice, Stanford University Press, 1966, p. 144.

② Julius Stone, Social Dimensions of Law and Justice, Stanford University Press, 1966, p. 643.

或心理原因经常会产生相同的结果。另一方面,有序性来自于每一个体模仿他人行为的心理倾向,如时尚或习俗。① 外加的秩序或者来自于社会中行为模式的存在,或者来自于人们确立的规范。斯通认为,来自于法律规则的社会有序性是一种外加的秩序类型,在其中可以发现两个次一级的种类。那些被特定的上级规则规定的有序性,和那些被不特定的人的态度规定的有序性。斯通将前者称为"强制的"或"赤裸的权力",后者是"社会-伦理的"或"传统"。他认为,在习俗和道德中,行为的合作是社会-伦理的或传统的,但不是强制的。在完全专横的政府中,它是强制的或赤裸裸的,但不是社会-伦理的或传统的。在一个民主社会中,法律是社会-伦理信念与权力的高度融合。在这一问题上,斯通赞同耶林的观点。耶林指出,从社会学上来说,法律不仅包括社会-伦理的(或传统的)因素而且包括权力的因素。在他关于法律的成长被人类利益的压力所决定的观点中,隐含着这样的观点:法律是这样一个规范,其中有权力因素也有伦理确信因素,在法律之中冲突的利益得以调整。法律是权力和社会-伦理压力共同作用的结果。尽管有时耶林似乎和奥斯丁一样,将法律视为是以制定法为基础的在上主权者的命令,但他已超越了这种形式化的概念,耶林坚持,没有权力的法律是一个空洞的名字,一个没有现实性的事物,正是在实现法律规范中的权力使法律成为法律。斯通认为,法律限制权力也授予权力,法律要想真正有效必须符合人们的道德感觉。"法律要受到社会-心理认可以及权力的认可和支持"②。

斯通认为,将法律视为伦理信念和权力的高度融合,表现

① 斯通关于模仿的一致的思想是受了法律社会学家和犯罪学家塔尔德(Gabriel Tarde)的影响。塔尔德认为,模仿的倾向是社会法律制度的创造和发展的主要动力。它不仅是习惯法发展的关键,而且是许多立法的关键。

② Julius Stone, The Province and Function of Law: Law as Logic, Justice and Social Control, Sydney: Associated General Publications Pty Ltd, 1946, p. 667.

出了西方民主国家的愿望和成就。而“同意原则”是沟通法律和社会伦理信念的桥梁。它要求权力要与那些在占统治地位的社会伦理信念中体现出来的原则相联系。一个民主社会必须使它的法律与公民的经验一致才能有效,特别是使它们与立法和法律执行过程相联系而有效。但并不是说这里的同意意味着每一个人同意权力的每一个行为;或使自己处于政府控制之下;或遵守“公意”;或是否意味着采取的解决办法来自于受影响的每个人的需要和经验。在这里重要的是选举统治者的原则以及选举后统治者的持续负责任。基本的前提是被统治者通过充分的渠道表达不满的自由;当不能补救这些不满时享有要求撤换统治者的权力;现代民主理论指出民众控制议会和内阁的权力是周期性的。选择了议会以后,民众必须相信议会,直到下次选举的到来。在这期间,政府的行为受到群体行为的影响。同时,这又受到了那些行使法律的人的影响。

民主社会中的人们将法律视为对他们在伦理上有约束力的,但斯通认为,这一事实并不能排除个别规范会不符合群体的信念,甚至可能会与群体的信念相违背。他也不是说将法律体系作为整体加以接受是最终的,并且是一劳永逸的。但是,人们不仅是在强制的意义上而且是在伦理义务的意义上遵守法律规则,不仅强制因素,而且伦理信念因素也是重要的。在民主社会中,那些行使权力的人也普遍认识到他们所运用的法律对他们也有伦理上的约束力。正是群体伦理信念使权力在民主社会中服从于法律,使最高的权力服从于“法治”。同样的分析可以解释,为什么在没有判例可以遵循的情况下,宪法性惯例仍然有约束力。斯通赞同戴雪的观点,认为发生这种情况的原因就在于“公共意见”。正是它给社会公共生活的行为原则提供了效力。而在民主国家中,在权力结构及其法律被社会中的伦理信念支持的地方,社会秩序的不稳定或者革命活动的爆发经常是因为人们对权力及其法律的伦理信念支持的突然失落。即使在调整作用发挥得很好的法律体系中,因为法律和占统治地位的信念之间的紧张,在法律中经常有重要领域的偏离和断裂。当这一断裂达到足够大时,我们也会面临革命问题。比起立法和执法行为的快速来,社会伦理变化要较慢一些,剧烈的立法和执法行为有时会在服从法律和服从伦理压力之间形成紧张。当一个社会的大部分成员放弃了作为法律的基础的伦理信念之后,伦理信念就使法律成为僵死的条文。如果这时不惜任何代价去执行法律,对法律的反对就会增长,并从对特定规则的反对扩展到对整个法律秩序的反对及其对支持这一法律秩序的权力结构的反对。如果法律对伦理信念的违反已非常严重,就会出现革命的形势而威胁到权力结构。并且斯通认为,"革命在抛弃现行法律秩序建立其上的权威的意义上,也与人们对正义的渴求有关。因为对今天法律的违反正是使明天的法律中包含有更多正义的先声"①。

第四节　法律、正义与社会控制

与其师罗斯科·庞德一样,斯通认为法律是实现社会控制的工具。庞德从人性论出发,认为人们因为有合作和竞争的双重本性,就需要对其进行控制。通过法律进行社会控制的最终目标是承认、确定、实现和保障利益。斯通也大体上走的是庞德的路子,他也认为法律是实现社会控制的一种工具,目的在于实现社会正义。

一、社会与社会控制

开宗明义,斯通提出了社会控制的概念,"在最广泛的意义上,社会控制包括人类社会对它自身或它的组成部分施加影响

---

① Julius Stone, Social Dimensions of Law and Justice, Stanford University Press, 1966, p. 640.

的所有方式”。[①] 这与庞德的观点略有不同，庞德认为，对人类本性的控制就是社会控制。“对内在本性的支配，过去是，现在也是通过社会控制来保持的，也就是通过人们对每个人的压力来保持的，目的在于使他尽自己的本分，支持文明社会，并制止他从事违反社会秩序的行为”。[②] 斯通认为，在较早的社会里，社会控制的形式是较少分化的。法律、宗教、习俗在不发达的社会里相互结合控制着社会，没有明显的界线将法律和其他规则区分开。对此，庞德也认为，对人类本性的控制有三种主要的手段，即法律、道德和宗教。在开始有法律时，三者是很难分开的。从功能角度，人类学家已经强调即使是不发达的社会也会存在某种规则体，通过有组织的权力的实施与其他规范相区别。斯通在这里表达的是许多法人类学家曾经表达过的思想，如马林诺夫斯基在他的《初民的犯罪和习俗》中认为，在社会学意义上，并且通常按照功能来说，法律也存在于没有强制力来实施它的原始社会里。而埃利希也强调人类团体的内部秩序的作用，“人类团体的内部秩序从其产生之初到现在，一直是法律的基本形式。法律不仅在较晚的时期才出现，而且大部分也是从人类团体的内部秩序中发展而来的”[③]。斯通认为，较大的分化是伴随着明显和稳定的权力中心或政治权威的出现而出现的，而法律成了它们实现特定目的的工具。新出现的法律规则没有触动宗教、家庭和习俗的旧社会控制，法律的范围是零星的和中间性的。早期的法表现为如下特征：有限的功能、相对严厉、缺乏对个人权利的关注。伴随着政治权威的出现和新的人类关系领域的出现，法律成为主要的社会控制形式。

---

① Julius Stone, The Province and Function of Law: Law as Logic, Justice and Social Control, Sydney: Associated General Publications Pty Ltd, 1946, p. 753.

② 庞德：《法理学》，转引自沈宗灵《现代西方法理学》，北京大学出版社 1992 年版，第 289 页。

③ Eugen Ehrlich, Fundamental Principles of Sociology of Law, selected from The Great Legal Philosophers, University of Pennsylvania Press, 1958, p. 441.

斯通论述的法律从其他社会控制形式中分化出来的过程正确地揭示了法律与其他社会规则从混为一体到相对独立的过程。其他的一些法学家也从不同的角度,使用不同的方法描述过这一过程。如由杜尔克姆提出,并由狄骥发展的社会连带关系的转化就反映了这一过程。杜尔克姆认为,在不同的社会里,社会分工的程度不同,就形成了不同的连带关系。由于彼此相似而形成的连带关系是机械连带关系,由于社会的分化而形成的连带关系就是有机的连带关系。人类社会由传统社会向现代社会转变,法律也就从代表机械连带关系的刑事法向代表有机连带关系的民商法、行政法、宪法的转变。狄骥从同求的连带关系向分工的连带关系的转变也反映了这一过程。庞德也认为,对人类本性控制的三种手段:法律、道德和宗教,"从16世纪以来,法律已成为社会控制的首要工具"。通过法律进行社会控制是人类文明进步的标志。

斯通认为,在较大的社会群体中,社会控制可以被分为:(1)或直接控制或间接控制;(2)对受到控制的一方来说有意识的控制或无意识的控制;(3)对使用控制的人来说是个人的控制或非个人的控制。直接控制建立在个人影响之上,来自面对面的关系。间接控制通过对自然、社会或文化环境的控制(有意识或无意识地)影响,直接控制对于运用它们的人来说是"个人的",对于服从它们的人来说是"有意识的"。传统的刑法和它的实施可以归类为"直接的"、"有意识的"、"个人的"控制。用另外的话说,在直接控制下,控制者是有意识地影响行为,被控制者也知道他们在受到影响。"间接控制"在运用它们的人的一面来说是"个人的"或"非个人的",但它们最突出的特征是那些服从它们的人却很少感觉到它们所施加的影响。对这些控制形式种类的依赖程度决定于社会发展的性质和阶段。对于直接或间接的社会控制来说,相对简单的农业社会依赖于直接控制。在现代民主社会,实现了向间接控制的转变。斯通所说的这种从直接控制向间接控制的转变,正符合了杜尔克姆提出狄骥加以发展的人类社会从机械连带向有机连带发展的路向。

斯通认为,现代社会的间接控制有以下几种形式:1. 群体冲动和稳定的群体信念。对大部分社会成员来说,二者是共同发挥作用的。在群体中或人们非组织的群体中有一种传染性的相互作用,在群体无意识中表现自己。2. 指向特定目的的复杂的合作系统的理性化行为。对群体成员的控制也间接来自于人们的行为指向一个一般的目的,每一个成员都把他的行为与那一目的相联。在一个现代化大工厂中,工人对他们所从事的工作可能是怀有敌对态度的,然而他们通常能做出为避免这一系统崩溃所要求的行为。3. 竞争和社会分化。竞争在经济领域中会为现代复杂的经济结构扫清道路并产生有组织的垄断集团,而这是现代社会强有力的控制形式。劳动分工作为一种机制,在经济领域创造有组织的群体来控制行为。

二、"控制的控制"

现代社会已经进入了一个"经济上组织复杂的社会"①,许多社会科学家认为,在这个多元化的复杂社会中,对社会生活中的各个方面都需要进行控制。现代国家比大多数早期社会在有效社会控制方面有更广泛的选择范围。斯通认为,现在面临的问题并不是在有控制与无控制之间作出选择,而是一个民主政府本身是否对已经运作的控制进行控制。按照这种观点,法律被视为是决定其他控制的范围的主要标准或者可以叫做对控制的控制。我们时代出现的中心问题是,"对控制的控制"是否可能?如果是可能的,它是否与传统的民主自由相协调?在人类的历史中,对于人类所面对的问题希望能找到简单的解决办法的诱惑是相当大的。过去,存在强烈的对自由主义和强

① Julius Stone, Social Dimensions of Law and Justice, Stanford University Press, 1966, p. 151.

烈的对计划主义的呼吁。前者将调整人类要求的任务交给盲目的非人格力量,如达尔文的适者生存理论,后者建议将这一任务交给理智的计划者一次性完成。斯通认为,现代社会进入了一个"经济上组织复杂的社会",他认为,社会已不再是一个只有细微的劳动分工的经济上简单的社会;它不再是一个人们之间具有亲戚关系和较少流动的同质体;用杜尔克姆的话,它不再建立在"机械连带"的基础上。在这样一个复杂的结构里,群体成员成为漠不关心的,并在经验上存在差异。在这样一个经济上组织复杂的社会中,法律不可能被归结为在民族精神或社会传统意识中体现出来的直觉上的一致。"在这样的社会中,萨维尼关于法律是一个民族最深层意识的反映的观点,已经失去了它曾有过的解释力。"①斯通认为,在现代,法律几乎在社会生活的每一方面都予以干预。尽管人们对最终目的没有达成一致,在民主国家中通过法律实现社会控制的趋势早已出现。斯通所称的"经济上组织复杂的社会"其实和戴雪所谓的"集体主义"和庞德的"法律的社会化"是同一个含义。庞德为普通法国家指出现代社会具有法律干预扩展的特征,如限制所有者使用和处分财产的自由,分配自然资源和合同自由;通过特殊措施保护经济上或其他方面实际上处于依附地位的人;扩展无过错责任的范围;对社会生活行为中的群体和结社的功能给予充分的认识。当然这些显著的转变并不仅限于普通法国家。狄骥对法国公法和私法的转变的描述也表现了法国的这一变化。而在这一问题上,德国社会学家卡尔·曼海姆走得更远,他认为对社会来说,一定有可能通过法律实现对社会生活所有方面的控制,将社会全面地或作为一个整体加以计划。

现代社会还有一种反对进行社会干预的呼声,他们引用边沁的话说"所有法律都是一种恶,因为每一法律都是对自由的

---

① See Julius Stone, Social Dimensions of Law and Justice, Stanford University Press, 1966, p.38.

侵犯"。他们认为,那些过分强调计划的人会成为专制主义的帮凶,强调社会中的自然和谐的人是放任主义的信徒。但斯通认为,二者的区别并不像看起来那么严格,例如,当法律控制的反对者被要求对他们的主张进行解释时,他们坚持说社会应尽可能多地依靠自发的力量而要尽可能少地依靠强制。在这样的公式中表明的态度本身是暧昧不明的,他们的一些词汇,如"尽可能大"、"尽可能小"、"过度"也存在量化与操作上的困难。通过什么尺度来衡量"尽可能大"与"尽可能小"呢?

在极端的个人主义和极端的计划主义之间,斯通似乎是要寻找一种平衡。他说:"现代对社会控制的理解,游离于两个极端之间,一方面是极端不受控制的自发性,这种自发性经常在社会中产生混乱,另一个极端是极端的计划主义,这将使社会失去活力。"①他认为,实际上并不存在法律干预和不干预的清晰的界限,因为即使在放任主义盛行的那一时期,法律的作用也不是消极的。那时的法律,特别是有关财产、犯罪和合同的法律,为强化当事人的经济谈判能力和阻止对法律的违反提供了一个基本的义务框架。他认为,现代法律控制的实际扩展及它的理念来自于具体人类要求的新的压力。他引用庞德的话说:"在现代法律的全面发展中……已经找到了冲突和重叠的利益的实际上的调整和协调,或实际的妥协。那一实际的调整采取了通过法律进行控制的形式。"②他认为,完全计划和反对计划的极端放任主义都从来没有被接受过。在这两个极端之间有一个广阔的领域,在这里存在一个通过法律实现的社会控制。他赞同庞德将法律的任务定为社会工程,是对社会生活中出现的冲突的要求的调整。

---

① Julius Stone, The Province and Function of Law: Law as Logic, Justice and Social Control, Sydney: Associated General Publications Pty Ltd, 1946, p. 782.

② R. Pound, Social Control through Law, citing Julius Stone, The Province and Function of Law: Law as Logic, Justice and Social Control, Sydney: Associated General Publications Pty Ltd, 1946, p. 783.

三、通往正义之途的界碑

在极端的放任主义和过度干预之间，斯通认为，人们从来没有排他性地采取过这两种路线中的任何一种。人们对社会控制范围的充分理解，使在混乱的极端和专制统治与机械的法律管制之间保持平衡。这种充分理解要求运用具有最小强制性的控制使行为达到令人满意的效果。竞争机制可以被看做和用作对社会行为进行间接控制的手段中的一种。他认为，人们已在许多情况下从法律干预和法律中立的两极间退出，因为很明显，即使是在放任主义之下，法律，特别是关于财产、合同和犯罪的法律仍然为强化交易的谈判权力以及打击对现行秩序的破坏方面确立了一种强制性的保护。

他重申了他对正义的理解，“被视为社会现象的法律正义，至少是三种变量的功能。首先，人类的需要、愿望或要求的心理事实，它们随着时间和地点的变化而变化。第二，在特定的时间和地点获得的，能够满足人类需要的人力的、商品的、环境的和服务的资源。第三，人类的需要、愿望、要求与满足这些要求的可得资源之间的紧张关系的解决机制。这些解决机制从原始的血亲复仇发展到我们现代复杂精致的法律体系”。[①] 他认为，只有在对要求和资源之间紧张关系的解决之中，我们才能理解何为正义。而且，人类社会日益增长的“变动性”使这一紧张关系也成为经常变动的。例如，人的要求随着他的外部环境和他本身的心理素质和经验的变化而变化。然而，他的外在经验随着工业、文化、技术活动的变化，其本身也处于变化之中。他个人的经验也是由整个社会秩序决定的，而这又被法律本身所影响或形塑。社会保障立法之所以重要不仅是因为它改变了现行法律，而且是因为从长远来说它又影响了对未来立

---

① Julius Stone, The Province and Function of Law: Law as Logic, Justice and Social Control, Sydney: Associated General Publications Pty Ltd, 1946, p. 784.

法施加压力的人类的要求和欲望。同样的原因,人们能够获得的用来满足人类要求的资源又被人类本身的创造性活动所形塑。要求和满足之间紧张关系的发泄不仅受到法律和政治秩序的影响,而且受到人类在非法律和非政治领域活动的影响。对人类的要求、资源的紧张关系的发泄进行社会控制特别是法律控制的目的是达到正义,是为了实现斯通所说的建立在特定时间和地点的实际社会关系基础之上的正义,为了获得那块"正义的飞地"。

运用法律进行社会控制的目的是为了实现正义,斯通思想的两大部分就在这里实现了会合。正义的实现是渐进的,是一个永不停息的过程。他认为,无论正义的上层结构和基础是什么,它既不具有稳定的力量,也没有实用性和美感,除非它是建立在特定时间和地点的实际社会关系基础之上,建立在适合社会环境的材料之上。人们要承认有自我意识的生物生命的有限性,承认由此时此地的环境赋予人们的思想的脆弱性。人们一定不要忘记在短暂的旅途中我们已超越了我们的前辈,并记住人们经过奋斗已经获得的东西。但也要认识到在我们的生命中,从我们当前的环境出发,我们希望要达到一个什么高度。正义即使能够作为一种超验理念,它仍然与其他理念一样,是一种特定时间和地点条件的产物。因此,不管正义在这一规范性的意义上意味着什么,对有关正义问题的解决明显需要在特定时间和地点的特定社会中的共识。因此斯通重申,一定要超越在"绝对主义"和"相对主义"之间的长期争论,对正义的探索要落脚于当前的事实。它们首先落脚于探索者的自身环境,包括他们对以前的知识和环境的了解。

法律和正义是有其社会维度的,对正义的追求必须关注当前的事实,运用包括法律在内的多种手段实现社会控制。正义之途是渐进的,斯通对正义的实现是满怀信心的,是乐观的。但正义的实现不是绝对的,不是一劳永逸的。在这一问题上,有两种对立的态度,一种是否认正义的存在,如斯堪的纳维亚现实主义法学派认为"祈求正义就像是砰砰地敲桌子",[①]甚至更极端地认为"根本没有正义"。或者尽管承认正义的前景,但也同时指出路途如此遥远以至于实现正义的任务只能留给下一代去完成。另外一种是对正义的实现抱着操之过急的态度,试图寻求实现他们对正义的绝对理解。

斯通认为,人们不应停留于以上那些简单的姿态。我们与大部分时代中的人们相伴而行。人类对正义的渴望经历了野蛮、绝望、苦难和虚无。它使人们发现和控制那些珍贵的飞地,那是这一时代的人们从荒野中夺来的。让那些掌握这些飞地的人再将它交回荒野中是错误的。对于人类来说,一旦他们看到了这片光明,要求他们闭上眼睛、心灵或意识,使他们不再看到这片光明,也不再看到它曾经照亮的区域,将不仅是放弃他们从过去继承的财产,而且是放弃他们对未来的希望。斯通对于人类正义的实现是充满信心的,他认为,人们应该继续向前,实现耶和华的展望,即在蛮荒之地实现正义和人类的救赎。

---

① A. Rose, On Law and Justice (1958), p. 274.

第五章 综合法学的理论源流

综合法学名称与体系的建立者为美国法学家杰罗米·霍尔,但在霍尔之前,就已经有人以这样或那样的理论形式提出过建立综合法学的问题,其中著名者有卡多佐、柯亨、帕特森、富勒等人。这些学者关于综合法学的理论,其立论虽未尽一致,但他们都有一共同的趋势,即他们都在试图调协自然法与现实法乃至分析派法学的理论,以期能统观法律现象,而不致落入往昔单元论者的盲人摸象之识。经过这些先驱的理论发展,到霍尔《综合法学》一书的出版,才正式宣布了一个试图糅合三大学派为一体的综合法学的诞生。

第一节 综合法学的先驱者——卡多佐的折中论

卡多佐(Benjamin Cardozo),一般认为是领导社会法学家进攻奥斯丁(John Austin)的分析法学派的三人团之一。所谓三人团,指霍姆斯(Oliver Wendell Holmes)、庞德(Roscoe Pound)及卡多佐三人。三人之中,庞德以其综合社会学法学闻名于世,霍姆斯则被公认为是美国现实主义法学的开山祖师。而美国综合法学的先驱者,当推卡多佐。卡多佐的法学思想,在19世纪严格的分析法学派与现实主义法学的自由意志说之间,而为折中论(Via Media)。

一、卡多佐的折中论的基本论点

卡多佐的折中论,其集中注意的基本论点有二:第一,法官所为何事?第二,法律如何发展?

就第一点而论,卡多佐注意的是法律中的确定性问题。早在1924年,他即注意到美国的法律表现为一种不确定性。他对于盲目的遵守判例(Stare Decisis)曾加以强有力的批评。卡多佐特别强调,法官也是人,他们并不缺少思想意志——这正法律之生命的所在。不过,遵守判例固然一方面不可使之成为一种迷信的偶像,同时,也不能像现实主义法学的代表人物弗兰克(Jerome Frank)将其认为是如恋父情结那样无用的象征物。互相冲突的判决,必须使之能对法律予以必要的稳定性。卡多佐深信,理想的法律制度,不应完全固定,也不可永远变动,所以他一直主张司法部应承担法院与立法机关的联络体的功能。

就第二点言之,如果法律必须要有某种程度的确定性,则也必须同样具有自动性;换言之,即必须有所发展与变化。它必须运动,但其进展却必须基于合理的原则。卡多佐推崇庞德有名的格言:法律必须稳定,但是却不能静止不动。不过,正如同盲目遵守判例能导致法律的僵化一样,法律的发展如果没有正确的引导也会产生混乱。卡多佐认为,现行的法律规则与原则,可以表示出我们今天所处的地位、方向与经纬度。但是,日暮投宿的旅邸,并非是旅行的目的地。因此,法律也应如同旅客一样,准备明日的行程。旅客要想其进程有意义,则必须先有一目的地。同样,法律也必须要有其目的与价值,作为其归宿来指点其位置。

由此可见,卡多佐在19世纪的严格的分析法学派与现实主义法学的自由意志说之间,提出了其折中论(Via Media),他认为:那些仅注意一方面而忽略其他方面的人即以稳定与变化为相反的原则者,将会膜拜假神,而引导其徒众走入歧途。胜利不会归于那些缺乏弹性逻辑的学派人士,也不会属于那些将一切法规判例均一视同仁的平等论者;然而,那些知道如何去融汇此两种倾向于一体,以适应某种尚未完全知悉的目的人,是将会获得胜利的。

卡多佐折中论的法律观并非仅因妥协的方便而提出。它是一位哲学家转成的法学家的结论。虽然没有对每种哲学的可能性均加以思虑,但卡多佐的思想中至少涉及了数种哲学思想。例如:黑格尔的辩证法,马克思的唯物辩证法,以及现实主义法学派的虚无主义,卡多佐都表示反对。而他折中理论的基础是实用主义。

作为一个实用主义者因此也就是一个功利主义者的卡多佐,对于过去,他认为不过只是一种序曲,但是它却充满了重要性,而且将来应建立其上。所以他从不赞成与过去忽然断绝关系,而主张应继承并予以改进。另外,卡多佐不将法律仅视为一串管制特殊案件的孤立的判决。由于他是一个真正的哲学家,所以他体验到,在法律之后尚有某种法律的存在,即在各个孤立单独的判决之后,尚有一套共同的原则存在;其性质是普遍的,这些原则是法官不能忽视的。卡多佐对于奥斯丁及霍兰德(Holland)所下的法律的简单定义:法律是法官的命令,表示反对。卡多佐认为人类的日常交往与经商,即使没有判决的制裁或法令的制裁来进行督导也能和平安全地进行。他指出,在我们认定一个孤立的判决是既非良法亦非恶法的时候,我们已经诉诸一位较之我们要评断的特定判决更具有包容性的公断人了。

奥斯丁主义者否认假的法律的可能性,但是,卡多佐却以为,法庭在考虑过去判决时,常常宣布过去的法律不是真正的法律。因此,法庭于是经常参考那些为特殊规则所采用的主张与传统。而能限制法官之自由的是法律的原则,因此而使法律不致成为一种拼凑而成的偶然的判决。

二、卡多佐的法律发展观

卡多佐是一个十分审慎的思想家,他力求避免一方面不致落入卡特(James Coolidge Carter)等分析法学家的圈套,另一方面也不致坠入爱尔乌德(Ellwood)及马林诺夫斯基(Malinowski)等社会学家的陷阱之中。

卡多佐接受了法国社会法学大家狄骥(Duguit)的论点,认为法律并非是由国家所创造的……法律可以无国家而存立。卡多佐认为,法律的原则,即使在其尚未明确成为司法判例时,仍然是法律。他认为有一种巨大的原理与法则,以及习俗与惯例及道德等的混合物,在四周松弛地积累着,而准备依照由法官所采用的某种选择程序,形成一项判决。如其由是而建立起来,以证实一项具有合理确定性的预言,以其在其权威遭受到挑战时,将成为法庭的支持者,他认为这些就是法律。

如果法律是由法庭加以权威性标志的规则或原理的话,则法官便具有很重要的地位了。因为,从那些规则与原理之中加以选择的是法官;因此法官便变成了法律体中的创造者,借以使法律符合一种自觉的理想。不过,真正重要的并非法官创造法律,而是视其如何发展。在法律的发展上,卡多佐与霍姆斯、庞德的路向是一致的。卡多佐曾说,在疑问发生之处,司法功能也便发生了。霍姆斯对于此种特殊的司法功能,称之为空隙立法(Interstitial Legislation)。此种空隙立法,只有在平衡状态发生动摇时,才有意义;其产生是由于理性,而不是来自突然的幻念。法官的自由,必须是理性的运用。完全没有拘束没有指引的自由是不会存在的。各种各样的限制——有的是属于法令的,有的是属于判例的,有的属于模糊的传统,也有的属于古代的技术;纵使在我们认为自由自在毫无拘束的时候,它们仍然把我们围绕起来。神秘的专业性意见的压力,常加于法官身上,犹如大气压力,法官丝毫也感觉不到其重量的存在。

对于法官的空隙造法或为其他造法的理论,有持反对主张者:认为法官在美国的宪法体制下,是不应该行使宪法授予立法机关的权限的。——此种论调,是想象多于实际的。因为任何立法机关,是永不能没有立法的空隙的。卡多佐对此是非常清楚的,他认为,我们并非轻视制定法作为一种改革的工具的价值，立法可以消灭一个致命伤，可以矫正某种根深蒂固的错误，可以改善某种已经确定建立起来的罪恶；但是，其较次等的救济方法，其区分情形与虚拟等程序，则属于诸司法程序之中。立法则常常可以将法庭已达成的结论，加以综括而简化，赋予新的生命。如果制定法有任何特征的话，便是当其制定之时，它便需要加以解释，于是法官的造法工作，也就从头开始了。

法律的发展，是由某种有关的原理，来引导法官促成的。其中包括：哲学的、演化的、传统的及社会学的等原则。前三种方法，实乃一种方法的三支，可以使法官在法律发展之时，纳入稳定与普及的常轨之中。除非法官自觉地或不知不觉地采用了这些方法，法律是不可能成为作为社会一员之人民的行为与关系所必须遵照的秩序的原则而表现的，而会成为一股没有限制的不受范围的洪流，结果便是“集合物的各单位，或物体的原子之间的摩擦与损伤而已”。

三、卡多佐的法学方法论及其理论的贡献

卡多佐的法学理论，各处均隐存有一项观念——法律是达到某种目的的一种手段。他认为法学的研究，必须具有一种目的性的研究。他力求采用社会学的方法来使法律的发展，成为一种有目的的活动。其研究的方法是实用主义的，是从社会科学中获得其资源的。他认为，从过去可以获知甚多；不过，他坚持我们应瞩目于将来，而对于过去的研讨更可明了现在，并有助于预知将来。

前已言及，卡多佐是一个功利主义者，更可以说是一个功能主义者（Functionalist），因其所主张的法学中的真理标准是功利的标准，卡多佐认为法律规则的价值，因其对社会福利所产生的结果而定。他曾说：社会利益的一个基本原则，应该是统一与公平。如果社会学的方法与哲学的方法，演化的方法或传统的方法发生冲突时，最后的公断者，应属社会学的方法。故他不愿法官在超越主义或主观主义中求安慰，他认为，就赋予

法官的自由选择来说,他应趋向于以法律的拘束,归于民俗、规矩,或其生命四周所表现的行为标准。卡多佐因此要求法官对于社会中的习俗,多加研究。而对于现实主义法学所主张的感性法学(Gefuhlsjurisprudenz)加以反对。

卡多佐对于法学的特殊贡献在于:

(一)是他的坚持法律必须稳定,但是又必须发展。

(二)是认为"法律发展的最重要的工具,是司法的程序",此种程序总是以提高社会功利而活动的。

(三)卡多佐认为有两种学科与法学有密切的关系:一为哲学,另一为社会学。哲学主要是供给法学的研究以一种洞观的据点,社会学则是为法律所渴望达到的目的,做一蓝图。

第二节 柯亨教授的两极说

柯亨教授(Morris R. Cohen,1880—1947))父子均为法学名家。其子小柯亨(Felix S. Cohen),为现实主义法学派的健将。早年力倡功能主义法学(Functionalists),但在老柯亨逝世后,又提倡法律磁场说(Field Theory of Law),而与老柯亨对于各派法学相容并包之精神相结合。①

一、柯亨对法学各派理论的基本立场

柯亨原是一位颇有成就的哲学家,然后转向法学研究。他的研究重心的转向,和他是霍姆斯法官的好友有一定的关系。

① 所谓法律磁场说,是采用物理中分子与电荷间之场地(The Field)的新观念,用以解释法律的价值的场地(Value Field)。虽然小柯亨的此种学说是对于现实主义法学派中动机说(Hunch)或直觉说(Intuition)的改进的理论,而并不是企图创立一个新的学派。但他又认为,由于这种新的法律观念承认在法庭的实际争讼中,各种显然冲突的观点的效果,都具有相对性与其极限,因此,当可能确认,法律中各种冲突的学派,在不同的范畴中,均具有真理与实效的价值。这已与老柯亨的立场无异。

柯氏对于综合法学的贡献是其“两极原理”(Principle of Polarity)的法学思想方法论。因此,他对于法学各派理论,均加以同情地评判其价值。他致力于发现各种相异的法学系统之中的优劣点,认为:如果经过正确的评价,也许各种相异的法学理论并不是互相冲突,反而是可以互相补足的。

柯亨理论的目的并不是要建立一种固定的永久可以适用的法学理论,而是试图鼓励一种避免个人幻想与流行的形态的清晰的思想。他认为,任何法学理论,只要承认了自己的有限性,都是有其意义的。但是,人们对于其所拥护的理论常过于热衷,以致使其与它自然的地位相离,因此扩大了它原来的含义、目的与范围,结果成为一种不能与其他东西和平共存的人造怪物。它的存在,必须排斥其他东西的存在、有效与目的。柯亨坚信,每一种法学理论,在事实上是并不排斥其他理论的可能性的。故对每种理论均应加以分析,并予以估价。只有当那些杂草被清除后,它的功效才能显明;而当它被置于清晰的焦点之下来观案时,它与其他经过同样流水线程序的理论,实在是互相补足或互相依存的。

二、柯亨对于自然法理论的新观点与评价

柯亨在对一般反对自然法的理论加以批评的估价之后,认为,自然法的理论是相当对的。

第一种最流行反对自然法的理论是“从历史的观点”所加的批评。因为在历史上并没有发现在有组织的社会前有自然状态的真正存在,因此所有自然状态的理论,显然是一种神话。柯亨认为,这种历史观点的批评,是对于“自然状态”的一种不正确的解释。自然法学家所谓的自然状态,是对离开政权而存在或可能存在的状态而言的,并非认为它是一种过去的历史事实;因此,上述反对论是没有依据的。不过,从历史的观点看,虽然不能确实反对自然法的理论,但其一般的观点,却有助于打破旧的自然法学派的绝对主义与地方色彩。历史法说的此

种贡献,是我们所必须加以承认的。

第二种反对自然法理论的,柯亨称之为"心理学观点"的反对论。在启蒙时期,对于智识主义流行的一般反对论,特别集中于自然权利的主张;其实,其间并无必然的相关之处。托马斯(Saint Thomas)所认定的自然权利的根源,仍然完全是从对于一致同意的契约之所有义务中变化而成的。而现代的心理学家则认为,个人在一个欠缺组织的社会中,是不能自足的,政府与法律是有组织社会生活的必要的条件,但柯亨认为:法律与政府的保护,固然可产生法律的权利,但这种程序的效果,却有赖于对于先前已经存在的基本的心理的或社会的利益加以承认。在这些利益存在并要求特定法律以前的保护范围内,就是自然权利的原料。在专利法与版权之前,是无所谓思想或出版品的财产的;然而它的利益,在这类法律出现以前就已经存在了,而并非是由此类法律所创造的,反而法律是因此等权益而形成的。而且,法律由于对于上述权益产生效力才有它存在的必要。

第三种反对自然法的理论是合法性的反对论,这种理论认为:自然法或者是重复现实法的规定,因此,毫无用处;或者是与现实法相反,因此则非法,而根本不是法律了。柯亨认为,此种论调的理论前提是假定现实法为一种封闭的法律制度,完全足够规范一切可能发生的案件。如果现实法是指由人类机构所制定的法律而言,在未被赋予超自然的权力的人类机构,是不能预见并规定一切可能发生的情况的。则未受现实法所规定的领域,自然要受一般所认为公平的规律来进行规范,这就是自然法或非现实法的公平规则;对于法官而言,自有所影响。对于流行的正义的意识,不加重视,其结果实无异于法律制度本身的自杀。虽然通常认为法官的职责在于发现法律而非制定法律,但在法官判案时,实际上即是在制定法律。因为法官对于制定法加以解释的程序就是立法的方式之一。

在对自然法的几种反对理论进行分析后,柯亨认为,自然法的基本困难有三个:(1)法律理想的不确定性;(2)法律所规定的人类数据的不可操纵;(3)普遍性的规则的固有限制。

首先,就法律所要达到的理想来说,确实是模糊的。自有史以来,人们都企图达成法律的理想,使它成为某种固定的有意义的形式。但是,这种努力之所以受尊重,并非由于其结果,而仅是由于其努力而已。他认为,迄今为止所提出来的法律的理想,没有一种在形式上是必然,或是在实质上适宜于确定我们真正冲突的权益,何者是应该正当地占优势的。只要情形一直如此,法律在实际上,便必须大部分是一种用来决定何者应该不确定而服从冲突的特殊技术。

其次,因为道德的问题不能找到必要的具体的用词,所以法官及行政官员,必须要运用其自由裁量。如果法官是合理的,对于个别案件,可能会获致正当的结果。但是,自由裁量的需要,仍然表示了法律正义的一种限制性。

即使法律的理想可以掌握的话,其运用亦因人类固有的特性,即不完备性,而受到限制。另外,法律理想主义,尚须受到法律正义所必须实行的抽象的普遍规则的限制。同样的规则,必须适用于每一个人,即使在个别的案情中,其结果可能是不正当的。承认神圣的完满性对人类来说是做不到的,无论在法律或其他实际事件中都是如此。如果期望人类以其孱弱的努力,可以造成一个地上的天堂,是一种幻想的愚妄。然而尽我们的生命,来追求虽非尽善但有价值的可以达到的理想,却是人类尊严的主要成分。

三、柯亨两极说的应用与逻辑的关系

由以上所述柯亨对于自然法理论的新评估,我们可以看出柯亨对于法律的观点及其所采用的方法。即他认为,法律的渊源或其下层基础为自然法,但又认为自然法的理论并非完整的解答;它尚须受其本身的各种限制,而由于此种限制,才使其他相依的法理学说,各具有其应得的地位。这就是柯亨的法律两极原理应用的一个最好的实例。

柯亨认为严格坚守任何一种法学理论的逻辑的结论,都是一件不幸的事。近些年来,普通人对于法律的施行,很多都表示了不满。所有这些不满,都被认为是由于法律技术(Legal Technicalities)的原因造成的。柯亨认为,这种法律技术上的缺点,多是由于过分强调法律中的逻辑性。而反对法律中的逻辑因素的种子,是由卢埃林和霍姆斯所埋下的。柯亨认为,此种反对盲目信仰法律的逻辑性的理论,导致了很多人对于一切逻辑与普遍规则均加以否认。实际上,逻辑在法律中是有其应得的地位的。他认为,健全的常识、经验的教训、未经破坏的正义的意识、尚待建立的社会学的教条,如果没有法律技术的逻辑上的助力,是不能设想出赠与、买卖、抵押等的法律的。英美普通法诉讼的传统制度,已由兴起、运用、滥用,而日渐式微了。那些未经科学技术训练的人,也许尚未见到陷阱之所在。他们对于逻辑错误的攻击,真正的原因是对逻辑的误用。

柯亨的法律两极原理的理论,正是立基于现代逻辑在法律中之适当的运用中的。他认为,人们对于逻辑的态度,总是各走极端之一。有的只相信理性的结果,因此重视法律条文,而不问案件的后果。有的则不信赖逻辑,而只依照一种直觉的正义意义来判决案件。所以给逻辑以其应有的正当的地位,是可以解决部分问题的。他认为,逻辑也像其他有用的工具一样,是有危险的,它须有大的智慧来正当地运用。一种逻辑的法律科学,可以有助于我们来消化法律的资料,但在我们消化以前,我们必须先要有食物的供给。法律是从正义的感觉与社会的需要中取得活力的。理智主义要求法官在判决前确定每一件事,是不可能的。法律也像其他东西一样,是要经过实验的,它总是对黑暗的将来冒险的。但正是因为如此,法官对于是与非的感觉,必须经过逻辑与科学的训练。

法律,尤其是美国现代的法律,绝对需要一种科学的技术。过去视法律为一种经验的规则来加以处理的方法,已确实被破坏了。固守判例(Stare Decisis),在数量有限的判例实际上已难以适用于每件新案件的变动不居的社会中,是毫无意义的。判例如果没有原则来指导,就像一个没有航海地图的航海家;但是,除非这些原则接受了科学的批评,否则完全依赖原则较之无用还要坏。

总而言之,柯氏的法理学的理论,显然不是一种哲学,而为一种思想的方法。他将这种方法称为两极原理(Principle ot Polarity)。即认为相反的法学原理,具有互相依存的关系。接受了此种两极原理而对之进行运用,就可划清法律领域中若干显然的相对状态。

第三节 帕特森的法律关系的综合观

帕特森教授(Edwin W. Patterson),在实体法与法律哲学方面,均贡献卓著,著述甚多。他对于法律哲学的贡献,在于他对于法律方法与思想方面的探讨。更集中于所论法律之科学化与逻辑的关系,以及其法律关系的综合观。

一、帕特森论法律的科学化与逻辑的地位

1929 年帕特森发表《法律可以科学化吗》一文。在该文中,他对于可以使法律科学化的各种方法进行了探讨;对于法律中科学方法的限制与利益均有所论及。他认为,法律并非应该科学化,而是可能科学化。不过,法律中的科学方法,并非必然包括哲学上的唯物主义。他认为,说法律采用科学方法并非必然包括哲学上的唯物主义,这和说法律只有在其处理教学的问题时,才具有科学性,同样不合理。习惯、态度与感觉应包含于法律科学之事实中,就像在机器上的反应那样可以测量。帕特森的结论,认为法律是可以科学化的。他认为,物理科学家并非科学方法领域中绝对的国王,其统治地是有条件的,而且是受限制的。法律进入科学领域所必须支付的代价,至少须承

认其自身判决的条件与限制。

其后,1942 年,帕特森又发表《论法律中的逻辑》(Logic in the Law)一文,对于法律哲学中的逻辑地位加以检讨;此种研究,在历来法律哲学研究中是少见的。

在该文中,帕特森对于各种的逻辑,诸如:形式逻辑、归纳法与或然率,以及实用逻辑(Instrumental Logic)等,均对其所加于法律的影响,加以论断。他认为,逻辑可以为控制理性与交通的工具,但其达成此一任务,必须有赖于一种意义的理论。因为,除非法律名词的意义充分的确定,否则,可能在极大多数的例子中,在形式上,法律的道理是正确的,而在实质上却是错误的。他认为,律师与法官,一般都可能做到与形式逻辑的规则相合,而不知道那些逻辑的规则是什么。他们诚然可以作出合理的决定,而有时却根本不知道它的道理是什么。然而,如果我们能利用逻辑的理论的话,无论其为形式逻辑或实用逻辑,最后一定会在避免浪费时间与精力的条件下获致较佳的结果。

二、帕特森的法律关系的综合观

至于帕特森的法律哲学理论,可称之为是一种综合性的。他析论法律的重要关联有三:(1)政府;(2)社会;(3)正义。

首先,在法律与政府的关系上,帕特森认为他们之间的关联是不可避免的。法律的进一步定义,可以说:乃是政府亦即国家所规定的互相关联的人类行为规律与原则的集合体,而且是可以在国家或政府权力之范围内,得以付诸实施的。但他认为,法律并非是与政府的措施、人民的行为、风俗或礼仪等相同的东西,在上述定义之下的法律,强制性也并非法律的主要成分。法律受到制度的影响,它依赖于某一制度而存在,即政府。

第二,在法律与社会的关系方面,他认为:由于人是一种社会的动物,而且是一种自私的动物,因此使法律成为一种社会的控制便有其必要了。法律之所以能成为社会控制的一种有用工具,是由于人类具有一种形成概念的能力,以及加以推论,并瞭望及运用他人的概念的能力。这种能力，也就是理性的能力。而法律则是一种追求效率与经济的东西，其之所以有效率，因其可以使那些具有高级智慧与技术的人的才能，以及那些将其此等才能用于立法的人，可以充分利用其才能。所以最好的法律是一种智慧的集体产物。法律之所以具有经济性，是因为它限制了个别判断的因素，因此而减少了作出司法或行政决定的时间与精力。

第三，在法律与正义的关系方面，帕特森认为：法律因为人类有要求正义的能力，故永远不能完全简化为一套刚性的规则，不过，正义是难下其定义的，他认为，正义是一种神秘莫测的东西，在我们对于人类的行为加以深思熟虑之后，对此深具同感。正义并不是一种可以由政治性的法律来测定的理想的典范。认正义为一种思想的成分或实质，在其运用于法律关系的意义上，似乎最为恰当……所以正义并非与法律的目的或政府的目的或社会的目的。此三者的目的是相同的，但仍各有其一种居间的目的存在。尤以法律的居间目的其间可能互相冲突，在实用的指引上，较之其最后的目的，更具有重要性。通常，法律中的道德问题无论是在立法，还是在法官或行政官员之自由裁量的狭窄范围内，都要求在那些中间的社会目的之中，有所选择。而这些目的，乃是受到对于那些目的有效的政府手段所限制的。所以我们的法律哲学，并非对一种完善的社会的展望，而是对于现实法与政府，社会及正义之关系，加以重复观察的结果。

第四节　其他法学流派思想中的综合因素

除了表现为一个以糅合各家成为一体的“综合法学”派以外，西方法学“综合”趋势在其他法学派别的思想中也体现出来，虽然他们并没有明确提出要建立一个综合法学，但都自觉不自觉地以综合的方法或从综合的角度研究法律，我们主要介绍法律政策学、多元论法学、新修辞学法学思想中的“综合”因素。

哈罗德·D.拉斯韦尔

(一)法律政策学中的“综合”因素

法律政策学侧重于运用政策的观点和方法来研究法律现象,它的产生本身就是多学科相互渗透的产物。在它的代表人物,如拉斯韦尔和麦克道格尔的思想中时常可见“综合”的影子。

在价值问题上,与一般行为主义学者排斥价值判断不同,拉斯韦尔等人除了强调经验研究方法外,还比较重视研究价值问题。他们公开声称自己的法学理论就是一种价值理论。拉斯韦尔认为，价值是一种“所期望的事物”、“满足需要的各种事物”。价值体系包括：1. 权力；2. 启蒙；3. 财富；4. 福利；5. 技能；6. 情爱；7. 尊重；8. 正直。他们认为，在上述的八个价值中，按照重要性排列是不可能的。同时，确定任何一个特定价值具有普遍的支配作用，也是不可行的。应当分别根据不同的情况大体上决定在特定的环境中支配一个群体或个人的价值是什么。拉斯韦尔和麦克道格尔认为：法律是价值的一种形式，是“社会中权力决策的总和”，“是一种权威性决定过程”，法律的目的是为了上述的八个价值在人们当中最大范围的分享。他们认为，法律就是那些阐明保卫社会公共利益的人作出的权威性决定的过程。“法律不仅是一些规则或孤立的决定，而是权威性决定的连续不断的过程，既包括国家制定的法律，也包括社会决策赖以制定和重新制定的公共秩序决定”，并认为：法律是“在一个共同体中权力决策的总和”，法律政策学的这一概念兼有自然法学强调“价值”的特点、分析主义法学强调法律是国家或主权者“命令”的特点。在他们看来，对于正式制裁机构制定政策的这一法律程序来说，根本的是要有一种保证这些决策得以执行的有效控制手段。这样，法律就被视为制定决策的过程，而不是“规则体”即规范的总和。

从以上对法律政策思想的简单论述，我们可以看出拉斯韦尔和麦克道格尔的法律政策思想注重对价值问题的研究，认为法律的目的就是价值在人们当中最大范围的分享；法律是一种权威性决定的制定者的政策，是社会中权力决策的总和；法律是权威性决定过程而非“规则体”即规范的总和。从他们的理论中明显体现了自然法学、分析法学和社会学法学的观点。和综合法学一样，他们想将法学这个复杂的网络联结到一起，而他们联结法学网络的中心点就是“政策”。

(二)多元论法学中的综合法思想

斯蒂格·乔根森曾在奥胡斯大学读书与执教。图为奥胡斯大学一角

丹麦法学家斯蒂格·乔根森运用相对论和多元民主主义思想来研究西方法律的历史。他发现,法有不同的部门和不同的功能,法学也必须采取不同的方法。一个人应努力从多元的角度去看待法学,强迫人们作出“或现实主义、或理想主义”的一元论判断是没有理由的。正是在相对论和多元民主主义等思想的基础上,乔根森创立了多元的方法,从多元的角度探讨法的概念和法的功能。

在法的概念问题上,乔根森提出,真理有多方面,法也如此,不能仅仅用一种方式去定义,而必须按照法所涉及的不同关系来限定它。乔根森认为,在历史上,法被用不同的模式和范畴(规则、命令和正义等)表达出来。这些模式总取决于时代的文化科学状况。而现实生活中人们对法律的理解也是多样化的。他还明确指出,人们在对法进行界说的时候,总是出自于一定的兴趣和利益。因而，各种法的概念只偏重于法的某一方面。鉴于此，根据其不同的功能，法有不同的方面，法学必须采取不同的(多元)方法。

既然人们给法下的定义都带有一定的片面性，乔根森提出了一种新的概念——“多元的法概念”：“法不仅仅是一种规范体系，一种法官或当局行为的表示，一种基本的法律意识或一种特殊的法官思想意识，为人们实际尊从人行为规范和强制命令，一种具有规范正义性的内容，法律习惯或文化模式，法同时是这一切。”以后，乔根森在《理性与现实》一书中对法的内涵作了进一步的限定，说“法不仅仅是一种像自来水工程或救护车的事业，其目的是弥补社会的缺陷，应付社会的突发事件(紧急情况)，而且是社会组织得以存在并发挥功能的一种条件”。可以看出，在乔根森的“多元的法概念”中，同时包括了规则说、命令说和正义论的内容，明显具有“综合”的特色。

在法源问题上，乔根森仍然运用他的多元论加以阐发。他明确指出：“必须否定一元论法学，接受一种多元的法源论。”并认为，关于法的渊源的学说不可能是固定的，而是本身动态地适应社会中的法律趋向。所以提出一种系统的、权威性的法源论是不可能的，法源论应该而且也只能是多元的。认为法的渊源应包括：国家立法、习惯法、法院实践、法学著作、国际会议规定、标准的商业实践。法不限于国家立法，虽然以成文形式公布的法律是主要的法源。

乔根森的多元论法学是西方法学“综合”趋势的一个表现。从乔根森思想体系的各个部分我们都可以找到这种“综合”的影子。他的多元法概念认为：法是人们实际遵从的行为规范和理性命令，一种具有规范正义性的内容，一种习惯或文化模式。这明显包含了自然法学、分析主义法学、社会法学的因素。并且认为“法同时是这一切”。在法的渊源问题上，应是多元的而不是一元的。乔根森想结束西方法律思想史上的某一流派理论家力图独奏的局面，将那些不和谐的曲调合为一首前所未有的交响乐,开创西方法哲学的新天地。但遗憾的是,乔根森低估了不同曲调之间的差异性,过分地信仰相对性。在乔根森那里,一切思潮都失去了本质特征,界限全无,这是他在运用相对论上的失误。因此,乔根森独创的交响乐并不像他本人料想的那样吸引人。

图为丹麦的哥本哈根大学一角。乔根森曾在此读书

(三)新修辞学法学思想中的"综合"因素

佩雷尔曼在批判现代西方修辞理论的基础上创立了新修辞学思想,新修辞学法律思想正是应用新修辞哲学来解释法律的产物。在佩雷尔曼和新修辞学法律思想中,可以看到三大法学派的影子,在一定程度上也体现了"综合"的色彩。

沙伊姆·佩雷尔曼

佩雷尔曼将价值判断引进了逻辑和修辞学领域，佩雷尔曼的逻辑价值判断的基础是价值多元论。在他看来，人们生活在一个多元的世界中，存在多元的价值判断，所以新修辞学是一门辩论科学。正义理论是佩雷尔曼法哲学的价值，是一种理性的美德。他认为，在一个多元的社会中，必然存在着不同的正义观念。在人类历史上存在六种正义概念：第一，对每个人同样对待；第二，对每个人根据优点对待；第三，对每个人根据工作对待；第四，对每个人根据需要对待；第五，根据每个人身份的对待；第六，对每个人根据法律权利的对待。面对复杂的正义概念，人们的正确态度是设法从不同的正义概念中找出共同的思想，以形成大家都能接受的正义概念。他试图穿越混淆性找到构成它们根基的共同思想，将其从语义学的思想体系的外壳中解放出来,发现一个形式的、抽象的正义原则。佩雷尔曼指出:“形式正义或抽象正义可解释为一种行为原则,根据该原则,凡属于同一主要范畴的人或事应予一样对待。”佩雷尔曼的“形式主义”的原则满足了他的实证主义研究的要求。但应用形式正义时首先要确定主要范畴,这就涉及价值判断、价值准则问题。正是由于佩雷尔曼对价值问题的关注和研究,他对古代希腊人和罗马人的修辞学方法和辩证法有了新的认识,推出了“新修辞学”,创造了“价值判断的逻辑性”这一概念。

佩雷尔曼认为,法律与逻辑的联系是十分紧密的。佩雷尔曼批判了传统的机械论法学与司法三段论,他认为,这种形式逻辑的司法三段论存在诸多的问题和缺陷,不能完全满足司法过程和法律辩论的要求,即当法律不能满足明确性、一致性和完备性要求时,法律的运作就有了困难。为应对上述局面,法官必须拥有某种完善、澄清、解释乃至修改法的立法权。他还认为,法律逻辑不等于形式逻辑。问题涉及法律的内容而不是形式推理,所以形式逻辑就无能为力。而涉及法律思维的内容,就必须与价值判断有关。因此,必须使用其他手段,即法律逻辑或法律推理手段,为了应用法律逻辑的各种手段,法官必须在某种价值判断的指导下完成自己的任务,这些价值是“合理的”、“可接受的”、“社会有效的公平”等等。正是在这种价值的指示下,法官才能进行理性的权衡和作出判断及价值选择。

佩雷尔曼说,他的法哲学吸收了实用主义、存在主义和分析哲学的东西。但仔细分析我们可以从其理论中看到自然法学、分析主义法学和社会学法学的影子。佩雷尔曼立论的前提是多元价值判断和多元价值分配,他的正义论和价值判断思想是对自然法学思想的加工,而他的逻辑分析方法是分析主义法学的主要方法(虽然二者在内容上有所不同),他的重视社会效益的观点,则与社会学法学有共同之处。由此可见,佩雷尔曼的新修辞学法律思想也体现了“综合”的色彩。

第六章 迈向综合法学

1947 年,美国法学家杰罗米·霍尔《综合法学》一书的出版,宣布了一个试图糅合三大学派为一体的综合法学的诞生。之后,一些法学家对此作出了响应。其中最为有名的倡导者是朱利叶斯·斯通,其他的倡导者还有美国法学家埃德加·博登海默、哈罗德·伯尔曼等人。严格看来,综合法学尚没有形成一个声势显赫的学派与其他学派抗衡,他们之中也只有霍尔提出过综合法学的口号。但他们的主旨是一样的,就是超越三大学派的偏执与片面,建立一个包括价值、形式与事实的一体化的法理学。

朱利叶斯·斯通是综合法学的杰出代表,他试图在三个方面实现法律的综合和法学的综合,即:1. 批判三大法学派在法律问题上的片面与偏执,超越学派的藩篱来研究法;2. 用综合的方法研究法律而不是仅仅拘泥于分析的方法、社会学方法和理性批判方法之中的某一种;3. 法律并不是我们从某一个侧面看到的那个样子,而是一个综合体,形式、价值和社会事实应被包涉其中。从综合法学本身来说,在它的倡导者中并未形成一个共同的目标与纲领,他们的观点也各不相同。但从综合的视角来理解法律,建立一个包括价值、形式和社会事实的一体化的法理学,在这一点上他们的目标是共同的。作为综合法学中的一员和主要倡导者,斯通和其他具有同样思想倾向的法学家的思想是有诸多联系的。本章无意对其他代表人物的法学思想进行全面的论述,只是在对斯通的综合法学的三个目标的研究中兼及他们的相关思想,并勾勒他们与斯通综合法思想的相关性,试图对作为整体的综合法学作一个虽较概括但也算是全景式的描绘。

第一节　对三大法学派片面性的批判

综合法学的代表人物,都看到了三大学派的研究囿于正义、形式、社会事实中的某一个方面,而忽视了另外两个方面,犯了片面化的错误。无论是斯通、霍尔,还是博登海默、伯尔曼,他们建立综合法学的努力也正是以批判三大学派的片面倾向开始的。

一、超越学派的藩篱

斯通学术生涯的早期,在英语国家的法学教育与研究中,奥斯丁开创的分析法学占了主导的地位,法学教育中除了奥斯丁、萨尔蒙德、霍兰德和其他人的分析法学教材之外并无其他的内容。尽管许多年来都有这样的要求,即法学家应当接受其他学科的训练,但因为大家着重于对法律进行形式与逻辑的分析,这一要求并没有在法学研究中得到足够的重视,斯通将自己的任务定位为满足这一要求。如他所指出的"没有一个英国或美国学者认为写作一部包括对法理学的伦理学和社会学分支进行全面研究的著作是有价值的"。① 斯通的学术旨趣也正是弥补法学教育和法学研究中的漏洞。他一生治学,正是努力综合自然法学、分析法学、社会学法学三大学派,他的主要目的是要弄清那些曾被忽略或被误读的东西,他相信法律应该从属于对法律理论的多角度的观察,他着手纠正欧洲和当代英美法理学家对正义理论和法律在社会中的实现的忽略。他对法律的基础所作的研究,目的在于使法律的教学符合于法律职业的

---

① Julius Stone, The Province and Function of Law: Law as Logic, Justice and Social Control, Sydney: Associated General Publications Pty Ltd, 1946, p. 13.

最终目标。虽然他没有明确提出一个综合法学的概念,但从他的著作可以看出,他的最终目的是克服法学的褊狭和某一个学派的褊狭,从综合的角度理解法律。他的成名作《法律的范围与功能》的副标题就是:作为逻辑、正义与社会控制的法律。他随后的三部曲正是围绕这三个问题展开。他的学术思想表明了更高水平的法律研究的创造性品格,并为法律教育应关注法律之外的问题提出了论据。有学者指出,斯通的著作"标志着在英国有效的法理学思想的新生"[①]。

三个学派之间长期以来存在着理论上的斗争,分别在理性、逻辑与社会事实的问题上争论不休。近年来虽然有不同程度的融合趋势,如庞德的各大学派"大联合"主张、哈特的"最低限度自然法"、富勒的"程序自然法",但他们都是以自己所属的学派吞并其他的学派为目的进行"融合"。斯通认为,尽管存在不同学派之间的纷争,法理学是仍像科学和音乐一样累积的事业。一个理性主体有可能去掌握梅因、奥斯丁、霍姆斯或庞德以及其他一些有创见的学者对我们理解法律所得出的多样化的观点。他认为,在科学上,我们不必因为要运用黎曼[②]的几何学而否定欧几里德几何,我们可以在不同的背景条件下运用它们。"斯通的优点在于他不将法理学作为这样一幕糟糕的戏剧的图景,即:在这样的戏剧中,人们在舞台上将他们的前辈杀光。"[③]他具有这样的远见,将法哲学的特征看做合作的人类事业,这是一个经过许多代人的进行扩展的事业,是一个对人们面对的多样的问题进行解决的持续的和累积的事业。这种知识的宽容也体现在斯通对其他思想家的评价中,这对于当代以及未来的法理学都是弥足珍贵的。

---

① Cecil A. Wright, Stone on Jurisprudence, University of Toronto Law Journal, 1947 - 1948, p. 237.

② Riemann(1826—1866),德国数学家,非欧几里德几何学的创始人。

③ Felix S. Cohen, review of Julius Stone, The Province and Function of Law in Yale Law Journal 59, 1949, p. 177.

斯通思考的中心问题是:我们要认识到,使用同一词句的两个人,他们所谈论的并不是同一个问题。正是在这一逻辑认识的帮助下,斯通能够避免将时间浪费在对一些没有意义的假问题的讨论上。他认识到奥斯丁在主权者的命令和其他社会控制形式之间作出的区别在现代仍是有意义的,同时他也欣赏梅因或埃利希对不同的人称之为"法律"的社会压力之间的相互关系的发现。在斯通的所有论述中找不到历史学派对自然法学派的轻视,非分析或非现实法学对分析法学或现实法学的破坏以及社会学法学对以前学派的吞食。而相反,他对这一事实有着清醒的认识,即许多不同的问题会求教于法律,一个寻找规则的历史起源的人不应与试图分析规则的逻辑结构的人争吵,而他们二者都没有权利以他们本身的法律研究为基础,去反对那些验证法律的正义或不正义的人,或评价法律对社会的影响的人所作的研究。只有当这些学者在自己的研究领域之外,去谴责别人在其他问题上的研究的无价值或无效的时候,逻辑矛盾才可能出现。法律存在于不同的视界中,从不同的视角和不同的需要出发,人们便会关注法律中的不同部分与方面,才会出现不同的法学派,人们研究的是同一规则的不同方面,他们之间仅仅是研究角度不同,他们所得出的结论也不应是相互冲突的。

斯通综合的观点并不是一概地承认折中的观点。他的思想的平衡和理智就在于认识到法理学是一个包括许多房间的大厦。他把在法律教学和法律实践中的每一个特殊领域面对的未解决的问题纳入一体中进行思考,并对这些问题的相互关系作了阐明。不仅这些问题被融入一体中进行考虑,而且他是通过伦理、逻辑和社会事实将它们融入一体中进行思考的。斯通相信对法律所作的研究要依靠现有的社会科学,而对一些认为仅靠一种方法就可以达至对法的全面理解的幻想式研究表示怀疑。因为法律是整个社会过程的一部分,所有的社会科学都涉及对法的理解。他认为社会科学方法的自足性是成问题的。

在一个专业化的时代中,法学家们之间对彼此的工作了解甚少。斯通欢迎超越派别壁垒的合作性的研究。

斯通认为,法律作为社会生活中最突出的现象之一已经吸引了许多领域的专家的注意,如史学家、道德哲学家、经济学家、政治学家、心理学家、人类学家和社会学家。每一方面的专家都从他本身的立场出发看待法律,都试图将法律与他研究领域内的问题和现象相联系并用他特有的方法解决这一联系。不用说,他们所提出的问题和方法,与法律专家所提出的方法和问题是不同的。弄清楚其他领域的专家如何看待法律,这对法学家理解法律也是有用的。法学家与其他领域的联合以及法律科学研究领域的扩展就是法理学。很明显,法学家很难轻易掌握其他社会科学的方法和观点。结果是,即使涉猎广泛的法学家也很难完全让人满意。在不同的法理"学派"之间的争论也就是没有价值的。探求法律体系或法律制度的历史并不与研究正义的本质相冲突,也不与探索法律规则的逻辑结构相矛盾,也不与决定法律在社会中发挥的作用相抵牾。幸运的是,斯通避开了这些无用的争论。在他综合的体系中,他为以上探索中的每一种都找到了一个合适的位置。这一成就构成了他的最大优点。

自然法学和分析法学在不正义法律的法律属性方面存在激烈的争论,我们可以从斯通对二者争论所采取的那种实用主义态度中来理解斯通在弥合自然法学和分析法学的分歧与鸿沟方面所作的努力。在这个问题上,自然法学家和分析法学家特别是 20 世纪中叶的富勒和哈特展开了一场影响深远的辩论。人们不禁要问,是否存在一个临界点(如拉德布鲁赫所认为的那样),在那一临界点上不正义的法律不再被视为是有效的法律。或者如哈特所理解的那样,这样的法律仍是有效的法律,尽管我们的责任是修改它甚至是不遵守它或通过斗争来推翻它。斯通认为,我们一定要避免这一抽象的争论。很明显,富勒、拉德布鲁赫的观点和哈特的观点都不能保证说不正义的法律能够受到抵制。“而主体服从法的倾向也许更多地可归因于立法者的实际权力，归因于现实中的规范性权力，而不是‘法律’符号的感情力量。”①从法律或其他的无法容忍的不正义中解放，最终是对事实的反抗，而不是对定义的反抗。这些事实经常是授予政治权力和物质权力的事实。这些反抗要克服的不是“法律”符号的感情呼吁，而是那些制定、颁布、执行法律的人的权力。与此相比，并且与克服它所必需的力量和牺牲相比，比较自然法学和实证主义二者的优劣实在是没有价值的，以至于不值得再去延续这一古老的争论。这样，自然法学和实证法学的的辩论，就被斯通对二者之中哪一种可以因为阻止社会倒退而坚持一种立场或另一种立场的比较社会功效这种实用主义的立场代替了。

二、法律是形式、价值与事实的结合（霍尔）

综合法学的其他代表人物霍尔、博登海默、伯尔曼等人也以各种方式批评了三大法学派固执地坚持法律的某一方面的弊端，以此为突破口，建构他们所设想的综合法学体系。

综合法学的首倡者杰罗米·霍尔②对建立综合法学的呼吁正是从批评三大学派的片面与偏执开始的。霍尔将现代西方三大法学流派称为特殊论法学，他严厉地批评把法学中的价值因素、事实因素和形式因素互相分离的错误。认为他们各自把法律中三个不可分的因素即价值、概念和事实人为地分开，限

---

① Julius Stone, Law - As - Action and Integrative Jurisprudence, The Hastings Law Journal, 26, 1975, p. 1331.

② 杰罗米·霍尔（Jerome Hall），综合法学的主要倡导者。霍尔曾长期担任美国政治哲学和法哲学学会会长。对法理学、刑法学和社会学有深入的研究。霍尔历来反对法学研究中完全忠于一派而排斥他派的做法，主张各派之间的“融合”。1947 年，他发表了《综合法学》，正式呼吁建立一个综合的、适当的法理学。这篇文章标志着综合法学的兴起。此后，霍尔又发表了《民主社会的活的法律》、《法律中的理性与现实》（1968）、《从法的理论到综合法理学》（1964）、《法理学基础》（1973）等著作，进一步阐述了建立综合法学的必要性和可行性。

制在或集中在以上三个重要领域中的一个，从而导致对自己的夸大和错误。

霍尔的《民主社会的活的法律》
英文版封面

霍尔首先对自然法学进行了批判，他认为自然法学的传统是强调法律所应实现的价值即自然法原则或精神，而不注重对实证法律和事实的研究。他认为，50 年代自然法学的主要代表是马里旦，但马里旦所强调的价值判断是一些含糊不清的、教条式的论断，而任何价值判断只有在与事实相联系时才是有意义的。霍尔对自然法学的总评价是，"自然法是一个社会的产物，自然法的伦理原则是受社会历史条件制约的。如果要了解自然法及其伦理原则，就必须将它们放在具体的时间、空间结构中，只有在实际问题上和关系到利益冲突时，这种伦理原则及其更高的批判才是有意义的”[1]。

从奥斯丁开始的分析法学,一贯强调对法律规范形式的逻辑分析,而轻视对法律的社会目的和价值的研究。霍尔着重批评了法律实证主义者试图把价值因素从法律的概念和法学中剔除出去的错误。他认为,实证主义信仰中立的法理学,这种信仰和另一种信仰有关,即信仰逻辑分析方法的中立性。但是作为分析对象的法理学的前提——法律是有价值的,因此,在法理学分析中不考虑价值是不可能的。霍尔认为,即使是声称最纯粹的凯尔森的纯粹法学仍以某些事实作为自己的基础,例如有关权力的行使、承认法律实效是法律效力的特征等。因此在法学中排除价值判断和事实因素是不可能的。

社会学法学的传统则主要是从社会事实出发来认识法律,而忽略对法律规范和价值因素的研究。霍尔认为,社会学法学重视法律的实然性研究,却忽视了对价值因素和社会规范的探讨。它将自然科学模式应用到法学中来,用行为主义的教义或引自力学中的类比法来理解事实,将法学仅仅看做是特殊事实情况的摄影。社会学法学尽管强调事实,但通常只限于司法活动的事实,所以其意义是有限的。

霍尔认为,现代人们面对一系列的问题,如核战争的阴影、能源衰竭等,这使对法学上的基本问题的重新检视成为最紧迫之事。霍尔将当前在法理学问题上的混乱视为是对有关这个社会的多样化观点的表达。“法哲学的基本概念在许多理论和假定中得以表达或反映。古典自然法理论中关于理性的假定、历史学派的民族精神、功利主义的苦乐原则、狄骥的社会连带和庞德的社会利益都是这些法哲学建立的基础。”[2]然而每一个这样的观点,不论在过去还是现在,在它的范围之内是有价值

---

① Jerome Hall, On Jurisprudence and Criminal Law ,1958 ,p. 29

② Jerome Hall, Foundation of Jurisprudence, Bobbs - Merrill Company, Inc. 1973. p. 5.

的,但当它们被法理学家作为“关于法律的充分哲学”时,作为“真正的”或“真实的”或“纯粹的”法律科学的基础时,它就变得易受攻击了。不论是奥斯丁和凯尔森的形式实证主义,还是我们这个世纪的社会学法学和其他经验主义;或是纵跨几千年的多种自然法立场,霍尔都对它们的有限性提出了严厉的警告。那就是“我们今天认识到,没有一种个别的法理学是充分的”。①

综合法学的另一倡导者博登海默②在其《法理学-法哲学及其方法》中首先简要回顾了西方法学思想发展的历史,认为在西方法学家之间存在大量的疑义和冲突。关于法律控制所要达到的目的以及行使这种控制所应采取的方法问题,法律哲学家们似乎还未取得实质性的一致意见。那么我们是否会对探讨法律的最终真理感到失望,放弃寻求指导司法的观念和原则呢?法理学学者们是否能比仅仅表述引起其想象、诉诸其感情的那些个人偏好的某些法律思想做得更多呢?我们是否能够在大量复杂的法律理论中找到一条贯串始终的线索呢?对此,博登海默是乐观的。他对此问题的解答是在综合前人和同辈理论的基础上建立一种综合法学。为达此目的,必须承认这样一个命题:“真理是任何特定时间人们经验的总和。”③“根据新的更为广泛的经验来看,过去的真理便会显得既片面又不完全,那么与求全责备相比,我们就会估价法律哲学的历史和现状的问题获得一种较好的解释。法律是一个带有许多大厅、房

---

① Jerome Hall, Foundation of Jurisprudence, Bobbs - Merrill Company, Inc. 1973. p. 19.

② 埃德加·博登海默(Edgar Bodenheimer),美国戴维斯加利福尼亚大学法学和政治学教授。从20世纪50年代起,他就积极响应霍尔的倡导,加入了建立综合法学的运动中。博登海默认为,建立综合法学是时代的需要和法哲学进化的必然趋势,并对此进行了历史和逻辑论证。他的《法理学-法哲学及其方法》已被译成中文并在我国产生了广泛的反响。

③ 海曼:《现代人的哲学》,转引自博登海默《法理学-法哲学及其方法》,华夏出版社1987年版,第198页。

间、凹角、拐角的大厦,在同一时间想用一盏灯照亮每一个房间、凹角和拐角是极为困难的,尤其是由于技术知识和经验的局限,照明系统不适应或至少不完全时,情形就更是如此了。”①博登海默认为,以往的法学理论尽管只具有部分和有限的真理,但它们组成了法理学大厦的可贵的建筑之石。正是在此前提下,博登海默对西方的几个主要法学流派进行了评析。

博登海默认为,历史法学派对丰富人们的法律知识作出了重大的贡献。因为它指出,一个民族的精神在创建一个伟大的法律制度时是能起作用的。但另一方面,当历史法学派把民族意识和民族特性提高到法律发展的主要动力的地位时,它就犯了一个错误。历史法学派并不能够充分解释为什么罗马法在古代社会衰落了几个世纪后又在一个新的、不同的文明中得以复兴。历史法学派也不能解释为什么德国和瑞士的法律制度能够移植到土耳其和日本这样的国家,而且能够在那些国家中起到令人满意的作用。而一个真正伟大的法律制度具有这样一种性质,即它能使法律制度超越民族的局限,而且至少在某种程度上,它能使该法律制度在精神和实际价值方面具有普遍的意义。博登海默认为,实证主义法学把法律定义为主权者的命令,并且揭示了现代民族国家中的法律所具有的一个不可忽视的特点。在实证主义的分析思想中,它还使我们意识到这样一个事实,即从技术教条的角度出发对法律概念进行仔细的解释,会大大有助于法律制度的明确性和一致性。但在另一方面,分析实证主义法学则倾向于把法律同心理、伦理、经济及社会等基础隔离开来,这就使人们对法律制度所能达到的独立和自然的程度具有了一种错误的认识。所以,博登海默认为,“我们必须承认,法律不能在一个封闭的不可知的容器中健康成长,而且我们也不能把法律同其周围的、并对它无害的非法律

① 博登海默:《法理学－法哲学及其方法》,华夏出版社1987年版,第199页。

生活隔离开来”[①]。并且实证主义过分强调权力因素而轻视法律中的道德和社会成分，是十分错误的。博登海默对现实主义法学评价说，现实主义法学中的许多观点在纠正法学所具有的那种片面强调规范和概念的缺点方面作出了贡献，它使我们注意到主观感情因素和环境所产生的先入为主倾向常常介入审判过程之中。但是，现实主义法学对法律规则和法学理论在实际法律生活中的作用并没有予以足够的重视。它有时给我们呈献的是一种过分强调司法专断和民事法官判决的景象，却未能给我们提供一幅在人类能力所能达到的范围内维持法律合理性和一致性的范围。博登海默还指出，最为不幸的是一些实证主义和现实主义法学的代表人物，对法律秩序的基本价值表现出过分怀疑的态度，他们认为，正义问题是一个虚假的问题，是一个无法根据合理分析而被明智探讨的问题。但博登海默认为，虽然对正义的探求永无止境并且充满困难，但如果放弃探索法律中的公正与正义，那么人类有退回到野蛮无知的状态的危险。

在分析了以往法学理论的片面性以后，博登海默指出，每个时代都面临着一些社会控制的重大问题，而这些问题需要最有才智的人运用其智慧去加以解决。因此适应这种需要，他们各自侧重于法律中的某一个方面，但根据任何单个的、绝对的因素或原因来解释法律制度是不可能的，现在需要的是一种能将以上诸种因素结合在一起的综合法学。

美国著名法学家伯尔曼[②]企图综合法律实证主义、自然法学和历史法学，并建立超越它们的一体化的法理学。他说：“相信这三个相互竞争的法学派中的每一个学派都曾孤立地阐述过法学的一个单独的重要方面，因而将这几个方面集合在一个

① 博登海默：《法理学－法哲学及其方法》，华夏出版社1987年版，第202页。

② 哈罗德·H. 伯尔曼（Harold J. Berman），美国法学家，曾先后任教于美国斯坦福大学、哈佛大学和埃莫里大学。主要著作有《法律与革命——西方法律传统的形成》、《法律与宗教》、《美国法律讲话》等。

共同关注的中心点上,既是可能的,也是极端重要的。”①

伯尔曼认为,自然法学、实证主义法学、历史法学三个法学派分别侧重法的道德、规范与历史因素,并展开了长期的对领先地位的追求。伯尔曼认为,追求领先地位的问题到了18和19世纪变得严重起来,因为在那个时代,西方的法哲学第一次摆脱了神学的影响。随着启蒙运动的兴起,西方的法哲学家不断寻求有关法的新的最终根据。有些人在政治中找到了最终根据,有些人在道德中找到了根据,还有一些人在历史中找到了最终根据。实证主义法学家说,法的最终渊源是立法者的意志,而其最终的约束力是政治强制,他们把国家奉为神圣。自然法学家说,法的最终渊源是理性和正义感,其最终的约束力是道德上的谴责,他们把理智奉为神圣。历史法学家说,法的最终渊源是民族特性,或者说是历史上发展着的民族传统,他们把民族、国家奉为神圣。伯尔曼认为,他们中的每一种理论本身都仅仅注意到真理的某一个方面,它们中的任何一个都不能单独地为理解西方的法律理论提供一个基础。现在我们需要一种能够综合这三个传统学派并超越它们的法学。

伯尔曼认为,近十年来,实证主义法学家与自然法学家开始缓和彼此之间的对立状态。较之过去,每一方都表现出更愿意接受由另一方提出的某些学说的修正形式。20世纪后期,法律在世界社会中的发展对一体化法理学的价值和必要性提供了极好的说明。只在把这三个传统法学派中的每个学派的有根据的真知灼见结合起来,才能正确地解释、证明和指引这一发展趋势。现在的问题不在于法律事业的三个方面中的一个或另一个的领先地位,而是它们的一体化,在它们出现相互冲突的情况时,正确的解决办法只能依靠慎重地衡量每一个方面的特殊价值来取得,什么是有效的解决办法取决于提出的要求

① 伯尔曼:《论实证法、自然法及历史法三个法理学派的一体化趋势》,载《法学译丛》1989年第5期。

是什么；而有时提出的要求又没有有效的解决办法。为了将这三个主要的法学派的一体化，最需要的就是从其中每个学派减少其主张其自身无比优越的断言。最需要进一步阐述的却是承认它们的相互影响。因为法律的、逻辑的、传统的、神圣的和目的的这几个方面的结合，过去且现在仍可能是使法律结合成一个有机整体——一种可以理解为具有持续发展能力的法律体系必不可少的条件。伯尔曼认为，现在我们需要一种能够综合这三个学派并超越它们的法学。这样一种综合的法学将强调，法律必须被信仰，否则它就不会动作；这不仅涉及理性和意志，而且涉及情感、直觉和信仰，涉及整个社会的信奉。

伯尔曼的综合法学思想在他对法律与宗教、西方法律史的论述中都有明显的体现。要克服法律与宗教的断裂，必须克服传统思维中的二元分析模式。他说："综合－二元论的克服是开启新型思维的钥匙，这种新的思维乃是我们正在进入的新时代的特色。"①对二元论的克服也就"意味着法律的新纪元"。伯尔曼不仅仅是简单地倡导综合，而且自己也实践着这种综合。他一直把法律作为人文学科不可分割的一部分进行研究。在对西方法律史的研究中，分析法学、自然法学、历史法学和更晚近一些出现的社会学法学每一种理论本身都注意到真理的某一个方面，它们中的任何一个都不能单独地为理解西方的法律理论提供一个基础。因此，伯尔曼认为，西方法律史的研究者们必须防止囿于某一个流派，应把所有各派当做连续映示历史经验的屏幕而不应试图用历史去偏袒其中任何一个派别，这样做可能是更合适的和更"西方式的"。

---

① 伯尔曼：《法律与宗教》，三联书店 1991 年版，第 134 页。

第二节 综合的法学研究方法

一、法理学是通过法学家的外向性研究的

霍姆斯在 1897 年写道:“理论是法律原则中的最重要部分。过去的 25 年中的最重要的发展就是理论的发展。……只有通过它们,你才能成为你的要求的主宰。”①斯通正是对法学理论非常有兴趣的人,这种兴趣终其一生。他在理论上的兴趣表现在他在法学上的兴趣,他在法理学和国际法两个领域成为国际级的大家。他在理论上的兴趣也表现在他对其他学科的兴趣,表现在要求实现法学和其他社会科学方法的相互渗透上。

斯通根据他对西方法哲学和法理学著述的考察,把西方法哲学分为分析法学、社会学法学和正义理论。它们分别代表了不同的方法论。斯通指出:“法理学中的分析问题,涉及对原理的明确表达,为术语下定义和规定一些方法。这种方法最能使人们将法律制度(或它的一部分)看做一个独立体系,并且最大限度地了解它的逻辑结构。……分析法学较有分寸的做法是将明确性和条理性贯串在某些特殊法规的适用中。这样的工作,一方面逐渐变为一般的法律分析,另一方面变为澄清特定法律用语含义的法学工作。对法律的特殊用语或者对法律的特殊部门的分析,往往不可避免地成为单一主义者,即仅以特定法律体系的法律资料为基础进行分析这一意义上的单一主义者。在单一主义和普遍主义者之间存在着有时称为比较的方法,这个方法把来自几个法律体系的资料适用于分析法学。”“法理学中社会学问题,涉及法对维护特定社会有关的态度、行为、组织、环境、技巧和权力的实际综合效果。反过来说,社会

① Holmes, Path of the Law, Harvard Law Review, 1897, p. 457.

学法学也涉及社会现象对法的实体和程序两个方面和对立法、司法方面所产生的作用以及组成、运用、改变、破坏法律制度的其他手段所起的作用。一个人在一定时间和地点具有特殊思想和价值,包括正义的思想,这种事实本身就是它和法律的关系中所必须加以研究的问题。但是这种研究的中心和正义理论的研究截然不同:前者的中心是阐明性的而不是规范性的。它涉及是什么或正在做什么,而不涉及应当是什么或应当做什么。"法理学中的"正义理论涉及根据法所假设的理想或宗旨而对法进行评价和批评。这就包括了法律制度力求实现的各种价值的明确认识和明确表达。法理学的这一方面与伦理学和政治哲学难以分解地交织在一起"。这三种主要的研究方法曾分别被分析法学派、自然法学派、社会法学派崇尚为根本的甚至唯一的方法,形成一种互相排斥的局面。但是,"20 世纪中叶,严肃的学者们已不再为支持或反对分析逻辑研究方法,正义－伦理方法和社会学方法这三者中任何一种占绝对统治地位而辩论了。"①现代法理学的任务"是系统阐述法的概念和理论,以帮助人们理解法的性质、法律权力的根源以及在社会中的作用",并为"那些涉及制定、适用、改进或一般理解法的人提供智力上的需求"。②

斯通还告诫人们,在反叛法学中的"形式主义"或"机械法学",即反对过分强调法的技术和逻辑的偏见,而对法进行社会学的观察和描述以及对法进行正义的评价时,不能脱离法的规则和逻辑。在采用实证方法研究法律时,"中心的问题不仅包括什么是事实(法是什么和正在做什么),而且包括对这些事实

---

① 斯通:《西方法哲学》,《不列颠百科全书》,第 15 版第 10 卷,中译文见《国外法学知识译丛·法学总论》,世界知识出版社 1982 年版,第 67～68 页。

② 斯通:《西方法哲学》,《不列颠百科全书》第 15 版第 10 卷,中译文见《国外法学知识译丛·法学总论》,世界知识出版社 1982 年版,第 91 页。

应该做些什么”。[1] 总之,建立一种能同时给予法律的逻辑、事实和价值适当地位的知识体系,有着巨大的重要意义。

斯通还主张法学方法和其他社会科学方法的结合。他说:“按照当前的假设,法理学是通过法学家的外向性(extraversion)来研究的。它是法学家按照来自于其他学科而非法律的知识对法律的原则、理念和技术所进行的研究。”[2]他引用了霍姆斯在论述法律的目的时的话,即表明“……要想掌握任何知识的分支,你必须掌握与之相关的东西”。[3] 斯通相信法律的社会学研究需要依靠其他的社会科学知识,而对仅需一种方法就可对法律作出全面分析的幻想式研究表示怀疑。因为法律是整个社会过程的一部分,所有的社会科学应能都涉及对法的理解。

二、用法学家的探照灯照亮法律大厦的每一个房间(博登海默)

综合法学的其他倡导者也和斯通一样,不满足于三大学派只用理性批判的、实证分析的、事实分析的方法研究法律,他们主张法律是一种多元体,应该运用不同的或是综合的方法对之进行研究。

博登海默认为,历史上对法的每一种认识都只具有部分有限的真理,随着人们知识范围的扩大,必须在利用人们过去所作的一切贡献的基础上,建立一门综合法学。尽管我们最终可能发现,我们所描述的法律制度的整体蓝图依然是不全面的。

博登海默认为,人类历史的经验告诉我们,不可能根据任何单一的、绝对的因素或原因去解释法律制度。若干社会的、经济的、心理的、历史的和文化的因素以及若干价值判断影响

---

① 斯通:《西方法哲学》,《不列颠百科全书》第15版第10卷,中译文见《国外法学知识译丛·法学总论》,世界知识出版社1982年版,第66页。

② Julius Stone, The Province and Function of Law: Law as Logic, Justice and Social Control, Sydney: Associated General Publications Pty Ltd,1946, p. 25.

③ Holmes, The Law as a Profession, (1886) 20, America Law Review, 741.

和决定着立法和司法。虽然在某个特定历史时期，某种社会力量或正义理想会对法律制度产生特别强烈的影响，但是根据唯一的社会因素（如权力、民族传统、经济、心理、或种族）或根据唯一的法律理想（如自由、平等、安全、或人类的幸福），都不可能对法律控制作出普遍的分析和解释。法律是一个结构复杂的网络，而法理学的任务就是要把组成这个网络的各个头绪编织在一起。由于这是一个巨大的棘手的任务，所以为了恰当地完成这个任务，在法理学学者之间进行某种劳动分工乃是不可避免的。

埃德加·博登海默

伯尔曼在法学研究中也主张采用综合的方法，但他表现出了不同的形式。辩证的分析与历史的观点是伯尔曼综合法学的方法论。伯尔曼所推崇并在研究中采用辩证的分析和综合的模式是他的综合法学的核心。《法律与革命》提到 12 世纪出现的"辩证"的方法,其含义是寻求对立事物的和谐。当时法学家们就是使用这种方法填补文本中的疏漏,解决矛盾,在协调冲突和概括一般概念过程中使西方法律成为一个统一连贯的实体。在描述12世纪法学家们对辩证方法应用的同时,伯尔曼自己的著作也在应用这种方法组织不同的历史材料,在西方法律传统的大背景中融合了通常被认为是对立的各种法律体系。不仅在《法律与革命》中,而且在其他的研究中,伯尔曼也发挥了辩证的观点在综合上的优势。比如在法律与宗教的关系上,他强调二者是辩证的关系,既要保持独立,又要在独立中统一。因此,辩证地调和对立事物,协调冲突是伯尔曼法学的动力。

伯尔曼的综合法学的特色不仅在于他充分利用了辩证方法的综合功能,而且在于他给予历史观点的特殊重视。伯尔曼非常强调历史观点在辩证综合中的特殊作用,他认为,历史的观点代表了建立真正的综合法学的必不可少的元素。坚持没有历史的观点,世界就处于分裂之中;而有了历史的观点,世界才有可能综合为一体。历史的观点之所以特别重要,是因为它对法学有四方面的综合作用。第一是时间感觉帮助我们适应我们存在的矛盾的概念;第二是时间的感觉使我们认识到我们并没有完全限定于我们当前的环境中;时间的感觉所服务的第三个功能是它使我们与我们的传统联系起来;第四是它为当前的经验提供了一个比较的观点。① 在《法律与宗教》中它描述的世界是法律、政治和宗教的完全综合,理性、激情、科学、直觉、信念的完全综合。强烈的时间性在伯尔曼的著作中都经常有所表现。在探讨西方法律传统时,伯尔曼就强调"西方"、"法律"和"传统"这些概念都是历史的概念。也正是有了具有了历史性的法律概念、西方的概念和传统的概念,重新解说西方法律

① Howard O. Hunter, The Integrative Jurisprudence of Harold J. Berman. Westview Press, 1996, p. 89.

史才是可能的。伯尔曼认为,在任何西方的法律体系中,试图仅仅求诸逻辑或政策或公正来解释或理解一个法律原则(或概念或价值或制度),是决不够的;还必须借助于使它产生的环境和长期影响它的事件的过程予以解释和说明。教条主义的方法、政治的方法和衡平的方法都总是由历史解释的方法予以补充。

第三节　综合的法律概念

法律是什么?是正义与理性、逻辑与形式还是社会事实?三大法学派在此问题上展开了长期的论战。综合法学的代表者认为,法律并不是如三大学派所认为的那样,只是三者中的某一个东西,而是三者的综合。他们提出的法律的概念各有不同,斯通的法的定义是一个列举式的特征的描述,伯尔曼提出了广义的法的定义,而霍尔提出的是以"作为行动的法"来对法的定义进行综合,使法的概念在这一框架下得以统一。但他们的共同点都是从综合的视野理解法律,将其作为一个综合体而不是仅仅对某一个特征的描述。

一、法律定义的作用是一个大纲或索引,或内容的目录

斯通认为,自然法学仅仅注重法律的理性和道德内容,谈论抽象的法律的价值而忽视实证法律;社会学法学和分析主义法学虽然重视实证法律研究,但前者关注的是法律的事实因素,分析的则是法律的形式因素,它们都抓住了法律的某一方面的特征而自认为掌握了法律的全部。

斯通认为,人们经常会碰到对法律的概念进行界定的问题。但对事物进行定义只具有有限的意义。自然科学对自然并没有作一个大家都普遍赞同的定义,哲学家也没有对哲学作一个明确的定义,但他们照样做得很好。尽管如此,我们还是

要认真对待法律的定义问题,“因为无论我们如何认识法律的定义,不借助于它,对法律的意义和结构的讨论就不会完整”。[①] 达成一个人们普遍接受的法律定义的困难并不禁止人们作进一步的尝试,它只是要求人们在对法律作定义时一定要谨慎。

斯通认为,存在着多种多样的对于法律的定义,从洋洋洒洒几千字的详细描述到施塔姆勒的定义,“法律是不可违反的独断的集体意志”或康特洛维奇的“规定外部条件的并由司法考虑的社会规则的总和”,存在一个将这些法律的概念融入一个法律的定义的可能吗?斯通认为,要作出一个所有人接受的法律的定义,我们必须承认以下四点:

1. 定义者必须尊重普通法学家的设想,即“法律秩序”是在现代国家的范围中兴起的,法律要与国家相联系。法律的定义不包括不再起作用的历史上的法律秩序,不包括尚未生效的法律秩序,不包括教会法;不包括原始社会的法,不包括与国家秩序不一致的私人群体的法,无论这些群体是如何严密组织的。

2. 一个定义一定不要过多地与道德的社会规则重叠,即使许多交叉是不可避免的,实际上也是允许的。

3. 法的概念通常是一个类概念,每一种类都有不同的相应定义,这一方法是适当的,尽管有困难,这一方法不应受到指责,相反,这一方法具有教育学上的用处,即将法律放于同源现象中、社会控制的其他方法中来研究。

4. 定义者应像法学家看待它们的那样,按照实践中的单一的实体——法律秩序,而不是组成它们的单个规范来进行定义。

斯通认为,定义法律必须首先要有这四个前提条件,意识中具备了这些条件,并且我们是从法学家关心法律的意义上关注法律的定义,从奥斯丁到当前的法学思想,尽管有一些个别

---

① Julius Stone, Legal System and Lawyers' Reasonings, Stanford University Press, 1964, p. 166.

的变化，现代的趋势是法律的定义集中于以下七个累积的因素上：

1. 法律被视做是许多现象的复杂整体。这一整体性的论断意味着法律的问题不是仅仅一个法律定义就可以回答的问题，但是它们的具体化是当前工作的主要任务。

2. 这些现象组成的整体中要包括调整行为的规范，也即，规定应当做的行为，禁止不应当做的行为，或者宣布允许做的行为。

3. 在一个复杂的整体中，法律所包括的规范是一个社会规范，也就是说，它们通常调整社会成员之间相互的行为，仅在例外情况中，如在反对自杀的规范中，仅仅调整他自身内部的关系。

4. 在法律的概念中，存在很大程度的重合，法律包含的这些现象的整体是一个有秩序的整体，也就是说它是一个各个部分并非杂乱地混合在一起的整体，简单地说是一个法律秩序。但即使是最有系统的法律也在一些术语的使用上失去条理，在所有实际发生作用的法律秩序中这是一种不可避免的矛盾。

5. 组成法律的社会规范的秩序，现在被广泛地看做是一种强制秩序。“强制”意味着在必要时，法律的权威被外在的强制行为所支持，如生命、健康、自由、财产的剥夺，或者对这些利益的收回。依靠强制力支持的特征使法律秩序与道德秩序区别开，对外在强制的依赖并非道德秩序所必需，虽然一些道德规范也会通过强制加以执行，有时甚至到了它们也需要在法律秩序中得以体现的程度。

6. 支持社会规范秩序的强制是一种制度化的强制，也就是，强制本身是按照规范产生的，即使它由受害一方的自救组成的，强制并非像在私刑和复仇行动中那样是自发和杂乱的。

7. 这一制度化的强制秩序应当有一定程度的效力足以使这一秩序能够维持自身。另言之，这一秩序必须总体上调整主体的实际行为，而不是仅仅声称如此。

斯通这一列举式的法律的定义,其实是罗列了一些法律的性质和特征。他认为,定义的目的并不是为了宣布一个规范是或是为法律提供检验,“这里要求的法律的定义的作用不会超过一个大纲或索引,或内容的目录,是阐述那些为了理解法律而加以讨论的问题所需要的”。① 从斯通对法律的这些性质和特征的列举来看,他对法律的理解是完全是“综合”性的,其中有社会学法学的因素,有分析法学的因素,也有自然法学的因素,而以社会学法学为主。

三、法律不是作为一个规则体,而是作为一个过程和一种事业(伯尔曼)

哈罗德·J. 伯尔曼

① Julius Stone, Legal System and Lawyers´ Reasonings, Stanford University Press, 1964, p. 183.

与斯通的列举式的法律定义不同,霍尔试图在一个"作为行动的法"的框架下实现法律概念的综合。霍尔在批评了三大法学派企图把法律的形式因素、价值因素、事实因素分离的错误以后,指出,法律是"形式、事实和价值的特殊结合"①。霍尔的这个法律的概念的三个因素,正是分析主义法学、自然法学和社会学法学所侧重研究的问题。霍尔主张把自然法学和法律实证主义(包括社会学法学和分析主义法学)结合起来,重新认识法律的概念。霍尔深切地关注理性和道德是否是法律的本质这一问题。他对这一问题的回答是肯定的。他强调价值也应是法律的重要构成要素。他建议采用一种关于实证法律的限制性定义,把实证法律这一术语限制成为"实际伦理权力规范"而排除"纯粹权力规范"这一概念。为了给所谓"民主自然法"奠定基础,霍尔提议民主观念应该包括在实证法律的本质中,特别是应该把"被统治者的同意"以及全体民主程序的内容都包括在其中。② 所谓"被统治者的同意"在霍尔看来就是公民积极参加政府的活动过程。

霍尔认为,分析主义法学、自然法学、社会学法学各执一端,人为地肢解了法理学对象的统一性。它们中的任何一方都犯了"完全忠于一派的错误",今天所需要的是一种分析主义法学、关于社会和文化事实的现实主义解释即社会学法学及自然法学三者之中的有意义的成分的综合。他还声明,法学的所有这些部分都是相互联系、相互依赖的。只有把实证主义、自然法理论和社会学研究,即把形式、价值和事实结合起来的法理学才是"适当的"法理学,这一"适当的"法理学就是综合法学。

霍尔呼吁"迈向综合法学"。他以政治学家 A. F. 巴特利的《政府的过程》(1908)中所表达的思想作为他理论的出发点。

---

① Jerome Hall, Living Law of Democratic Society, Bobbs - Merrill Company, Inc. 1949. p. 131.

② 参见吕世伦《现代西方法学流派》,中国大百科全书出版社 2000 年版,第 596 页。

巴特利认为，法律是人的活动，体现在要求一致性的群体中，这一群体的要求获得了专家群体和政府组织的支持[①]。埃利希的《书本中的法和行动中的法》给霍尔的中心命题提供了灵感。他还从弗兰克、卢埃林和韦伯的著作中吸取了营养。霍尔的论点建立在他们理论的基础上，但包容的范围更广，法理学研究的客体不是规则意义上的法律或实证法的原则，也不是独立于人类选择的“行为”与“过程”意义上的“行动”。它是“行动中的法”，在其中，不仅“法律”和“行动”，而且二者的结合都具有更加准确但也更加宽泛的意义。

“作为行动的法”包括法律规则、原则、法学家对它们的理论化认识以及人们和政府决定的制定者对它们的表达。它也包括在决定作出者的知识背景中对它们的运用，先前案件的环境和当前事实，它也包括构成判决基础的物质的、生物的和权力的影响。[②] 这些影响包括伦理原则、个人哲学、感情依赖和在特定时间对科学资料的理解。

按照霍尔的观点，成为“综合法学”客体的“作为行动的法”具有动力学性质，即具有一种成长和变化的内在能力，这在大多数传统法理学模式中是缺乏的。他认为，他的“作为行动的法”让人们在它的内在结构和在时间的变迁中认识它，而不是如凯尔森模式那样仅认识它的形式结构和它在某一时间的形式内容。它是“过去的法”，是“未来的法”，是“可能的法”，是“潜在的法”和“正在出现的当前法”[③]。

在霍尔的“作为行动的法”（等于作为法官活动的法）这一概念中，规则、价值和实际的法以下列方式有机地联系起来了：

---

① Jerome Hall, Foundation of Jurisprudence, Bobbs - Merrill Company, Inc. 1973. p. 144.

② Jerome Hall, Foundation of Jurisprudence, Bobbs - Merrill Company, Inc. 1973. p. 153 - 155.

③ See: Julius Stone, Law - As - Action and Integrative Jurisprudence, The Hastings Law Journal, 26, 1975, p. 1331.

规则起着解释官员规定、评价、发布和适用法律的行为的作用。价值通过法的效力观念进入法的概念中。如何理解法的效力，这取决于是把法作为规则的法，还是作为活动的法。作为规则的法的这一概念导致了凯尔森式的效力观——说一个法律规则是有效的，即说它是存在的，或者说一个法律规则符合一个更高法律规则；而作为行动的法则引出一个包括道德态度、原则和理想的效力观。因此关于官员的活动，仅仅指出他们的决定是合法的是不够的，人们还必须指出他们的决定是否正确、适宜或有益。这就涉及法律规则的价值，即是说法也要求有道德效力。实际的法律行为通过法律的实效这一观念进入法律的概念。在霍尔看来，虽然法律是由法律规则和法律概念组成的，但是，如果不把法官、行政官员和执法官员的日常实际活动纳入法律的概念结构，就不可能理解作为社会制度的法。因此，霍尔把法律理解为"现实的合乎道德的权力规范"，这样，霍尔强调的法律的三个组成部分，即形式、价值和事实就在"作为行动中的法"这一概念中得到了统一。

霍尔认为，大多数法理学家为他们的研究选择了那些反映他们最大兴趣的有关法律的观点。他们都忽略了其他的观点，甚至有的否定其他观点的实际的和在知识上的合理性。为克服这一困难，所有的法理学家都应注意关于法律的所有观点，也就是指他必须在完全的社会现状中看待法律。这种"全面的法律"就是他说的"作为行动的法"的所指，对作者来说，对这种全面性的研究的教学，就是"综合法学"。

关于法律是什么这一问题，博登海默也综合了自然法学和分析法学的观点，认为它是秩序和正义的综合体。他说，"一个法律制度若要恰当地完成其职能，就不仅要力求实现正义，而且要致力于创造秩序"，"法律旨在创设一种正义的法律秩序"。[①] 正义是自然法学派对法律本质的高度概括，而秩序则适

① 博登海默：《法理学—法哲学及其方法》，华夏出版社 1987 年版，第 302 页。

合了分析主义法学的规范、行为概念。当然在博登海默看来还不止这些,因为进化论在罗马法系和英美法系都可能找到这方面的例子。罗马法系的核心概念是规则,但是许多伟大的罗马法学家都以为法律是正义,而英国衡平法则被梅因描述为法律发展与法律改革的工具。所以说,法律不仅具有形式,而且还有内容。其形式乃是规则与执行规则的司法行为,而其内容便是旨在实现某些价值规则的内容。如果一个社会制度是根本无视正义观念所具有的主要实质性价值中的任何一个价值,同样也会妨碍它成为法律制度,把正义与秩序结合起来是一个成功法律制度的真正标志。

而伯尔曼对法律概念的界定,体现了他的法学理论的综合倾向。伯尔曼认为,法律实证主义、自然法理论以及历史法学派分别从三个不同的方面界定了法的概念,或者是由国家制定的与道德和历史无关并且迥然有异的一批规则,一种特殊类型的政治工具;或者是把法看做为由理性和正义感引申出来的道德原则在法律规则和概念中的体现;而历史法学派把法看做是历史上正在发展着的民族精神的体现——一个民族或社会的传统社会主张和看法。它们分别表达了法律的一个重要的方面,但是它们都只是表达了真理的三分之一,都不够全面,应该把这三种观点结合起来。

伯尔曼对用"规则体"来定义法律的狭隘的法律概念提出了批评。按照"规则体"理论,法律主要被看做在某个特定国家生效的一堆立法的、行政的和司法的规则、程序和技术。伯尔曼认为,将法律归结为一套处理事务的技术性手段,往往会使法律概念限于历史,误把一国的法律等同于全部的法律、把一国的法律史等同于全部的法律史,这就限制了人们对法律的认识。他认为由于把法律概念界定得过于狭窄,即把法律界定为规则体,有碍于对西方法律传统的产生和西方历史上数次重大革命对这种法律传统的影响的理解以及对这种传统现在所处的困境的理解。与这种法律观点相伴的历史眼光被严格地局限于多少是晚近的过去和某个特定的国家，实际上，它甚至可能完全不是历史的眼光，而只是局限于现行政策和价值的眼光。狭隘的法律观点还妨碍了其他社会科学和人文科学的学者对法律进行研究的兴趣，也就失去了透视各学科最丰富的材料，使得包括法律学家在内的社会科学和人文科学都遭受损失。因此造成了人们对法律的普遍不信任。他说："对法律的轻视和对法律玩世不恭的态度一直是由当代有时被称为法律形式主义的反叛激起的。"①

伯尔曼认为，为了在一个单一的框架内对西方数个世纪存在的许多特别的法律体系进行比较，也为了探索这些体系与其他政治、经济和社会的制度、价值和观念之间的相互关系，需要有一种广义的法律概念。

伯尔曼对富勒提出的法是"使人的行为受规则约束的事业"表示赞同。他认为这个定义适当地强调了法律活动高于法律规则，但对"事业论"的法律定义，伯尔曼还想走得更远一些。他认为，这个事业的目的不仅仅是公正地制定和适用规则，而且也包括其他的管理方式，诸如投票选举、发布命令、任免官吏和宣布判决等。而且，在法律一词通常的意义上，它的目的不仅仅在于管理，它是一种促成自愿协议的事业——通过交易谈判、发放证件（例如信用证或所有权文据）和履行其他性质的法律行为。实际运作的法律包括人们的立法、裁决、执行、谈判和从事其他法律活动。它也是分配权利和义务和由此解决冲突的创造合作渠道的一个生活过程。伯尔曼认为，作为一种特殊事业的法律的概念，在特定文化中活生生的法律实际历史发展的具体关系中变得富有意义，而在这样的概念下，法律规则在其中只起一部分的作用。

伯尔曼对他所做出的法的概念进行了论述，如他认为，法

① 伯尔曼：《法律与革命——西方法律传统的形成》，中国大百科全书出版社1993年版，第47页。

律不是作为一个规则体,而是作为一个过程和一种事业,在这种过程和事业中,规则只有在制度、程序、价值和思想方式的具体关系中才有意义。从这种广阔的前景出发,法律渊源不仅包括立法者的意志,而且也包括公众的理性和良心(reason and conscience),以及他们的习俗和惯例。法律不仅包括法律制度、法律命令和法律判决等,而且还包括法律学者(其中有时包括像法律学者那样一些从事讲述和撰写的立法者、法官和其他官员)对法律制度、法律命令和法律判决所作的阐述。伯尔曼强调,这种将法律作为特殊事业来界定的广义的法律概念,突破了传统的把法律界定为规则体的狭隘观点,减弱了法律规则在法律概念中的作用,有助于理解西方法律传统的产生和西方历史上数次重大革命对这种法律传统的影响,以及这种传统现实所处的困境。从以上可见,伯尔曼关于法律的概念既吸收了实证主义法学的规则体说和自然法学的法律事业说,同时也吸纳了社会法学、历史法学的其他内容,在一定程度上反映出了综合的特色。

结语　综合:法律的新纪元

1832 年,英国法学家约翰·奥斯丁出版了《法理学的范围》,这一著作在奥斯丁身后成为世界经典,直到今天还是世界范围内影响最大的法学著作之一。一百多年之后,另一个出生于英国的学者朱利叶斯·斯通,不满于西方法学中受奥斯丁的影响而对分析法学过分强调的现状,着手重新界定"法律的范围与功能"。1946 年,他出版了他的成名大作《法律的范围与功能——作为逻辑、正义与社会控制的法律》,他的导论的标题就是"法理学范围的重新界定"。从它的标题就可以看出作者所涉范围的广阔,斯通的著作构成了法理学领域真正的百科全书。以后,他又将他的著作扩充成为三部曲,分别对《法律的范围与功能》中的三个部分进行了研究。在斯通的著作中,三大法学派的代表人物的思想被系统地组织在一起。从 17 世纪的自然法学派以及他们的先驱到当代的现实主义法学,读者可以看到准确的信息、清楚的描述、尖锐的批评和怀有敬意的评价。有一个评论家说:"在当代法哲学和法理学中很少能达成一致的看法。但大家一致同意斯通给我们提供了英语世界中对法理学最好的论述。"①尽管存在不同学派之间的纷争,斯通认为,法理学是像科学和音乐一样累积的事业。一个理性主体有可能去掌握梅因、奥斯丁、霍姆斯或庞德以及其他一些有创见的学者对我们理解法律所得出的多样的观点。斯通具有这样的

① Felix S. Cohen, review of Julius Stone, The Province and Function of Law in Yale Law Journal 59, 1949, p. 177.

远见,将法哲学看做合作的人类事业,这是一个经过许多代人的扩展的事业,是一个对人们面对的多样的问题进行解决的持续的和累积的事业。他认为,在不同的法理"学派"之间的争论是无意义的。分析法律体系或法律制度的历史的努力并不与研究法律中的正义问题矛盾,也不与探索法律规则的逻辑结构矛盾,也不与研究法律在社会中发挥的作用矛盾。他同意霍姆斯的观点:"想掌握一门知识分支,你必须掌握与它相近的知识。"[①]他拒绝按照"学派"对学科进行原子化的分析,这些"学派"如历史法学、哲理法学、社会学法学、心理法学以及类似的学派。他认为,法理学的分类是:(1)法律、逻辑和推理,考察在逻辑上(三段论的意义上)自洽的法律体系的内容、概念和前提是什么;(2)法律和正义,我们寻求的使法律秩序符合的理想是什么?它应为行为受它控制的人们做些什么;(3)法律和社会,法律对行为受它控制的人们的态度和行为的效果是什么?这些态度和行为的效果对法律秩序又能产生什么影响?他认为,分类不仅是逻辑或哲学问题,而主要是一个实践问题。他认为,对法律的研究正是包括这三个方面,他也是从这三个问题上展开了他对法律秩序的研究。他的主要目的是弄清那些被忽略或被误读的东西,他相信应该开展对法律理论的多角度的观察。他着手纠正欧洲和当代英美法理学家忽略正义理论和法律在社会中的实现的事实,他对法律的基础所作的研究,目的在于使法律的教学符合法律职业的最终目标。

在法律与逻辑的关系方面,斯通关注的主要问题是:逻辑和推理在法律的运作过程中起到一个什么作用?依靠严格的三段论推理就会自动产生唯一正确的判决吗?如果逻辑不是全能的,它的局限性在哪里?为什么判例法体系会在不断变化的同时表现出稳定的面貌?斯通认为,因为许多因素的影响,法律秩序是一个具有一致性的体系,但在保持一致性的同时又

---

① Holmes, The Law as a Profession, American Law Review, 1986,20,741.

表现出统一体内的变化，尽管存在裂缝和不一致，法律秩序仍然是一个功能性的统一体。在这个意义上可以说"法律秩序在一定限制下可以容忍矛盾"。"规范的强烈一致性不是法律秩序的必要前提。"甚至"规范的不相容并不必然反映它们的无效力"①。斯通强调了分析法学的作用，逻辑分析可以提供抽象的思维模式，并且使法学家可以获得法律设定中的最大限度的自我一致，逻辑分析还有助于分类和精神训练，使法律具有说服力。但他也多次重申："我并不对分析法学进行传统式的研究，我仅仅研究我相信对人们理解法律作出真正贡献的分析法学的那些方面。我也并不认为分析法学在这三个问题中处于中心的地位。"②斯通认为，如果认为一个三段论推理能自动地产生唯一正确的判决，这也是一个神话，因为逻辑自身存在无法克服的局限；逻辑中存在他所称的"虚假参照"；作为判决依据的材料事实并不是唯一的，法官是在选择的空间中作出判决的。他吸收了佩雷尔曼创立的新修辞学的思想，并"将它作为导管，将正义理念和社会事实输入到组成普通法的变动的法律规范体中"。③ 法官在作出判决的时候，并不是严格依照形式逻辑的三段论进行推理的，而是要参照他们的正义理念，并且要考虑到社会现实的因素。斯通在这里考察的是先例决定和司法过程中持续和变化间的关系。他在这里的分析对律师和法官都很重要，它是对先例决定的传统观点的缺点所作的令人满意的讨论。在对这一矛盾的观点即先例决定既是价值保护的工具又是创造性变化的工具的分析中，他在机械的司法过程观点和完全相对主义的观点之间达到了一个实践性的妥协。他

---

① Julius Stone, Legal System and Lawyers´ Reasonings, Stanford University Press, 1964, p.30.

② Julius Stone, Legal System and Lawyers´ Reasoning, Stanford University Press, 1964, p.42.

③ Julius Stone, Legal System and Lawyers´ Reasoning, Stanford University Press, 1964, p.332.

寻求在形式和实体中实现平衡,在形式逻辑和创造性之间实现平衡。

在正义问题上,斯通关注的主要问题是:“法律应该为那些行为受它控制的人做些什么?法律中的善的评价标准或尺度是什么?其中也涉及到利用这些标准或尺度在特定的时间的地点的条件下对法律进行批判的问题。”①因为逻辑和法律推理并不能自动地产生一个唯一正确的判决,法官通常是在逻辑留下的“空间”中作出选择的。在一个变动的法律秩序的背景下,对司法和法学的过程进行审视,特定种类的推理的运用不同程度上依赖于当前对于“正义”和“善”的解答。法律中的创造性因素不仅依靠逻辑。斯通试图在孕育正义成长的人类法律秩序之中,在正义所成长的社会的和经济的背景中对人们关于正义的理念给出一个分析的、历史的和批判的解释。斯通把正义定义为一种实证伦理社会价值②,在对有关正义的相对、绝对,哲理、实证的理论进行分析以后,斯通认为,每一种有关正义的理论都适应了它所处时代的需要,但每一种理论都有它的局限,“没有哪种理论不把注意投入到正义的重要方面,但是也没有哪一种理论可以称得上是充分的”。③ 对自然法在西方历史上的作用趋向,斯通认为,自然法不是正义领地的唯一贵族,也不是评价正义的唯一标准。“自然法是一种容器。许多正义的标准通过它得以进入西方的历史长河。”④正是从这一角度出发,斯通发现研究自然法的历史形成和功能比仅仅研究它的概念和内容要有意义得多。在正义问题上,“斯通对深入的哲学

---

① Julius Stone, Human Law and Human Justice, Maitland Publications Pty Ltd, Sydney,1965, p. 1.

② Julius Stone, Human Law and Human Justice, Maitland Publications Pty Ltd, Sydney,1965, p. 31.

③ Julius Stone, Human Law and Human Justice, Maitland Publications Pty Ltd, Sydney,1965, p. 287.

④ Julius Stone, Human Law and Human Justice, Maitland Publications Pty Ltd, Sydney,1965, p. 36.

问题的拒绝埋藏在(如果不是明显的)自然法和实证主义的争论之中,因为斯通关于实证——绝对的争论的立场是实用主义的”。[①] 因为斯通认为,当代的人们应该超越正义问题上的绝对与相对的争论,而从何种正义理论可以阻止人类倒退的社会功效上评价它。他说:“如果认为,在特定时期和地点,对于不公正的法律(不管人们认为“法”根本上不是法,或者它是令人不能容忍的不公正的法)的反抗的胜利是决定性的,这是对现实的忽视。反叛最后必须要战胜的不仅是作为符号的法律的感情性权力,而且是那些制定它们和执行它们的人的物质性权力。”[②]人们不可能找到一种绝对的正义观念,以这种不确定性为基础,斯通为“历史现阶段工业化的西方社会的人们”提供了一系列他称为“仅仅是准绝对”的指示。正是从正义的“准绝对”标准出发,斯通提出了他的“正义飞地(enclave of justice)概念。斯通对正义的飞地的理念意指的是一种被非正义包围着的正义之岛,正义之岛或正义飞地是经过巨大的努力从敌对地区夺取过来的,并且面临着非正义的侵犯的危险而并不安全。他对正义飞地这一比喻的中心在于鼓励对于历史斗争的某种思考方式,并鼓励那些在未来献身于正义问题人在感情和知识上的担当。斯通从内心来说是一个乐观主义者,他将人性视为处于通向创造微小的,珍贵的正义与和平飞地的缓慢的、犹豫的、挫折的路途上。他鼓励我们要努力扩大这些飞地,虽然会有暂时的挫折和后退,但人们不能放弃希望。

斯通在《法律与正义的社会维度》的开篇即提出“我们在这里努力以有秩序的方式提出现代民主政府在将法律用作社会控制和达到正义的手段时面临的环境和任务。我们也试图借

---

① Samuel I. Shuman, review of Julius Stone, Human Law and Human Justice in Uniersity of California Los Angeles Law Review, 13, 1965 ~ 1966, p. 1446.

② See Julius Stone, Human Law Human Justice, Maitland Publications Pty Ltd, Sydney, 1965, p. 294.

助法学、政治学和社会科学的知识弄清这些问题”。[①] 斯通认为,宣告理论已经破产了,法官不是一台自动售货机,仅凭严格的三段论推理并不能自动产生唯一正确的判决,在摆在法官面前的多种替代性选择中,法官必须考虑正义的理念和社会的要素。从其理论的主导方面来看,斯通可以说是一个社会学法学的倡导者,他认为,法律应该实现对冲突利益的调整,法律是社会控制的工具。在这个经济上组织复杂的社会,放任主义和完全的计划主义都是不合时宜的,正确的办法是通过法律实现社会控制,最终目的是实现社会正义。人类的发展是为了正义而不懈斗争的过程。人们对正义的追求是从不正义的地区获得正义的飞地的过程,但这种已经获得的飞地也不是一劳永逸的,也会存在挫折甚至是倒退。人类所获得的正义只是“此时此地”的正义。一定要超越在“绝对主义”和“相对主义”之间的长期争论,对正义的探索要落脚于当前的事实。它们首先落脚于探索者的自身环境,包括他们对以前的知识和环境的了解。法律是进行社会控制的工具,而最终目的是实现社会正义。

法律不是从某一个方面所观察到的那个样子,学派之间的藩篱应该打破,法理学是“法学家按照法律之外的学科的知识对法律的原则、理念和技术所进行的检验”。[②] 人们应该用综合的方法对法律进行研究。斯通也正是以此为指导来组织他的著作的。他的大作《法律的范围与功能》、三部曲《法律体系与法学家推理》、《人类法律与人类正义》、《法律与正义的社会维度》所关注的问题分别是三大法学派各自关注的问题。在逻辑上(三段论的意义上)自洽的法律体系的内容、概念和前提是什么;我们寻求的使法律秩序符合的理想是什么? 它应为行为受

---

① Julius Stone, Social Dimensions of Law and Justice, Stanford University Press, 1966, p. 1.

② Julius Stone, The Province and Function of Law: Law as Logic, Justice and Social Control, Sydney: Associated General Publications Pty Ltd, 1946, p. 25.

它控制的人们做些什么;法律对行为受它控制的人们的态度和行为的效果是什么?这些态度和行为的效果对法律秩序又能产生什么影响?斯通的工具是分析法学的,他的理论的主导方面是社会学法学,而他通过法律实现社会控制的最终目的是实现社会正义,而这正是自然法学关心的问题。斯通的思想线索是:逻辑在法学或司法中是重要的,但它要依赖前提的正确,这是逻辑本身无力解决的,逻辑不能自动地产生唯一正确的判决,法官要在选择的空间中作出判决。这就要求法官考虑正义的因素和社会事实。正义不是绝对的,它要受到此时此地的条件的影响,落脚到当事人所处的环境,存在一些对此时的人们来说"准绝对"的正义标准。法律要实现对冲突利益的调整,作为实现社会控制的手段,法律的目的是为了实现正义,考虑到当时的环境中的正义,从敌对方夺来的正义的飞地。这样,法律中的三大部分就密不可分的交织在一起,组成了一个综合的整体。

综合法学的其他的倡导者也是在这三个问题上,即批判三大学派固守一端的片面、综合的法学研究方法、综合的法律概念这三个问题上展开他们论述。在理论的最终归宿上,伯尔曼提出要融合三大学派,建立一种"一体化的"法理学;霍尔提出法律是形式、价值与事实的统一,法律的各个部分在他的"作为行动的法"中得到统一;博登海默提出要用法学家的探照灯照亮法律大厦的每个房间;斯通对法律的最终综合是一个拼盘式的列举。虽然在理论上各具特色,但他们的最终目的是共同的,也就是建立一种超越三大学派的"合适的"、"一体化的"法理学,即综合法学。

斯通以及综合法学代表人物的思想在20世纪的出现,不是突然的,也不是没有思想基础与理论预兆的。在斯通的思想形成之前,西方法学界就已有了这种思想的倾向。早在20世纪初,罗斯科·庞德就提出了三大学派"大联合"的主张。三大法学派在斗争的同时,它们中间的代表人物也看到了固执于某一个方面的局限,而在或明或暗地修改自己的理论主张,表现出三大法学派的"合流",体现了一种综合的倾向。① 自然法学体现出一定程度的实证主义化,实证主义法学也对自然法学作出一定的让步。从自然法一面来说,纯粹意义上的自然法学,把自己囿于抽象的道德原则和价值判断的圈子里。这和以研究经验事实的实证主义法学是对立的。但自从施塔姆勒提出"内容可变的自然法"后,复兴自然法学也并不像古典自然法那样纯粹了,而表现出一定程度上的实证主义倾向。这突出表现在富勒的"程序自然法"上。富勒认为法律是"使人类的行为服从规则约束的事业"。作为一种"有目的的事业",法律有其道德性。他将道德分为愿望的道德和义务的道德,并且区分了法律的内在道德与外在道德。法律的外在道德是指实体自然法,有关法律的实体目标;法律的内在道德是指法律的解释和执行的方式,它包括八个法律原则:1. 法律的普遍性;2. 法律的公布;3. 法律是运行于将来而非溯及既往的;4. 法律的明确性;5. 避免法律中的矛盾;6. 法律不应要求不可能实现的事情;7. 法律的稳定性;8. 法律和官方行为的一致性。富勒将这八个原则称为"法治原则"。富勒将他研究的重点放在程序自然法上。他讲的自然法是处理人类特种事务的自然法,无论在起源上还是在运用上,这种自然法都是"尘世的",它们不是"更高的",更确切地说,如同木工为他建筑的房屋牢固所必须遵循的自然法则一样,它们是"较低的"法律。富勒对"程序自然法"的强调,表明他已深深进入了法律实证主义研究的领域。实证法学也不像奥斯丁那样认为实在法与理想法(道德)必须严格分开,法律科学研究的是实在法或严格说的法律,而不管这种法律好坏与否。在哈特的"最低限度内容的自然法"中,也为自然法留出

---

① 参见吕世伦《西方法学思潮源流论》,中国人民公安大学出版社 1993 年版,第 210 页。又见吕世伦、王卫平:"现代西方法学三大主流派合流初探",《南京大学学报》,1986 年第 3 期。

了一个地盘。哈特认为,“这里我们说的法律实证主义的意思,是指这样一个简明的观点,法律反映或符合一定道德的要求,尽管事实上往往如此,然而不是一个必然的真理”。[①] 哈特在法律和道德上的基本论点是:任何法律都会受到一定社会集团的传统道德的深刻影响,也会受到个人的、超过流行道德水平的、更开明的道德观点的影响;但不能由此得出结论说,一个法律制度必须符合某种道德或正义;或一个法律制度必须依靠服从法律的道德义务;或一定法律制度的法律效力的根据必须包括某种道德或正义原则。总之,法律和道德是有联系的,但并无“必然的联系”。哈特对待法律和道德的态度是双重的。一方面,他将之斥为“你们一直在做梦”、“一个非常简单的谬见”、“一种信仰的复活”、“过于形而上学”;另一方面他也承认,“自然法确实包含着对于理解道德和法律有重要意义的某些真理”。哈特认为,他的“最低限度内容的自然法”就是“这些以有关人类、他们的自然环境和目的的基本事实为目的的、普遍认可的行为原则,可以被认为是自然法的最低限度的内容”。[②] 这些都足以看出,哈特的分析法学已不是那么“纯粹”,而给道德留下了一个地盘。在社会学法学一面,庞德是社会学法学的主要代表人物,他在批判自然法弊病的同时,并未走向理论上的闭关自守,而是提倡法学流派的“大联合”。在他理论的很多地方都体现了与自然法学的妥协。庞德认为“我们可以有一种内容正在起变化或形成着的自然法”。他认为,对人类本性进行控制一般而言有法律、道德和宗教三种手段。道德虽然在现代已不起主要作用,但法律必须与它结合,道德仍然是一种必要的辅助手段。庞德并不回避法律的价值、正义等问题,只是站在社会学的立场上对它们作了重新解释而已。

---

① 哈特:《法律的概念》,中国大百科全书出版社 1996 年版,第 182 页。

② 哈特:《法律的概念》,中国大百科全书出版社 1996 年版,第 188 页。

罗斯科 · 庞德

西方法学的这种综合趋势还表现在其他一些学派的思想中,他们虽然没有提出综合或类似的提法,但他们的研究方法或结论中或多或少地体现了这种倾向。这在拉斯韦尔和麦克道格尔的法律政策学、斯蒂格 · 乔根森的多元论法学、佩雷尔曼的新修辞学法学中都有明显的表现。如拉斯韦尔的法律政策学既重视对价值问题的研究,认为法的目的就在于使价值在人们中得以最大范围的分配,又认为法律是权威性决定的制定者的政策,并且还认为法律是权威性决定过程而非“规则体”的总和,从这些思想中可以明显地看到自然法学、分析主义法学和社会学法学的影子。乔根森从相对主义和多元民主主义出发,运用多元的方法,从多元的角度探讨法律的概念和功能,提出了多元的法概念论、多元的法功能论、多元的法源论等理论。佩雷尔曼的新修辞学法学在多元价值判断的基础上探讨了正义问题,并运用其新修辞学理论对法律进行了逻辑分析,他并且还非常注重法律的社会效果,他的这些思想也体现了西方法学的这种综合倾向。就是在一些小的法学派别如存在主义法学和行为主义法学的思想中,也存在着试图综合三大法学派的倾向。行为主义法学,表现的是一种以一方主体来吞并他方的"综合"。本来,行为主义法学的社会实证主义或者说社会学法学的倾向是非常明显的。它的理论来源就包括经验实证主义和实在主义法学(尤其是美国实在主义法学)。但他们却喜欢标明自己的"综合"身份。C. 舒伯特和 L. 罗林格就宣布他们的司法政策制定论就是集中了古典法学、传统法学、常规法学之长,这样也就避免了片面强调这三者即古典(自然)法学、传统(法律实证主义)法学和常规(社会学)法学的倾向。在存在主义法学那里也表现出不完全的"综合"。在存在主义法学那里,自然法学和法律实证主义以及社会学法学常常被有意识地结合在一起。这同它热衷于人的价值、人的存在有关。L. R. 西奇斯认为,法律的最初目的是保障人们的安全,法律的最高目的是实现正义。不具有安全性的法律不成其为法律,不具有正义性的法律仍然是法律。法律本身不是一种价值,法学评价的任务在于发现法律中的价值标准。U. 霍梅斯更是提出了法的实证性与超实证性问题。而 H. 柯英的思想虽然基本上是以个人自由为核心的自然法理论,但其中也有一些社会学法学的因素。他认为,实证法律为了维护普遍利益,有时不得不对由关于个人自由的一系列权利构成的最高原则加以限制。只要实证法律的这种限制没有破坏法律的最高原则,那么就应视为正当。这足以说明"综合"在西方法学界已成为一股不可小视的力量,它将对西方法学的发展产生长远的影响。

西方法学中这种"综合"趋势的出现不是偶然的,而是有多方面的原因。首先,法学流派的兴衰起落是随社会需要的变化而变化的。三大法学派的长期存在分别适应了不同时期、不同阶段的经济、政治、意识形态的不同需要。现代社会纷繁复杂的社会需要多种手段共同使用以应付多变的社会现实,这就为运用多种方法,从多种角度研究法律提出了需要。不论是三大法学派的"合流"、综合法学的出现,还是其他法学派别综合方法的运用都是适应这种需要的产物。另外,从法律的角度看,西方法学中"综合"潮流的兴起也是法律统一运动自觉或不自觉的反映,勒内·罗迪艾尔认为,"自19世纪以来,法律统一运动一直在进行着","统一是法律一般演变的趋势"。[①] 法学作为法律意识,是同整个法律现实有机地结合在一起的。它们的"合"与"分"是同法律统一运动的这种状况联系在一起的。其三,综合法学思潮的出现也是20世纪科学发展的总趋势在法学中的体现。多年来一直处于不对话状态的西方哲学的科学主义思潮[②]和人本主义思潮[③]之间的关系开始松动。它们之中有的学派放弃了片面的立场,转而采取一种要求"互补"的姿态。20世纪世界科学发展的最重要的特点是综合性和边缘性,[④]综合法学思潮的出现正是这种思维方式影响法学而使法律观念、法律哲学、法学体系、法学方式融合的必然体现。早在

---

① 罗迪艾尔:《比较宪法概论》,摘译《论国际社会法律统一的进展》,载《法学译丛》1985年第1期。

② 这是以英美哲学为主体的哲学思潮,它以认识论、科学为研究对象,强调哲学研究的精确性和科学性。

③ 这是以大陆哲学为主体的哲学思潮,它以人、社会为研究对象,强调直觉、体验等非现实主义的研究方法。

④ 这种趋势,在很多学科中都有所体现,诸如:(一)在自然科学方面,有爱因斯坦的相对论,相对论打破了过去以物质为宇宙基本因素的单元论,而确立了质能等值原理的统一场地论(United Field Theory)。(二)在哲学方面,有怀特海(A. N. Whitehead)的统摄论(Concrescence),亚历山大(Alexander)的层创论(Emergent Evolutionism),以及现代数理逻辑或符号逻辑(Symbolie Logic)所涵蕴的相对关系(Relativity)与函数(Functions)义理。(三)在社会科学方面,有如:(1)社会学上的历史批判学派(Historical or Critical School)的文化人类学。(2)经济学上的总体经济学(Macro - Economics)的包举的理论,以及计量经济学(Ecometrics)的预测(Expectation)的动力学理论(Theory of Dynamics)。(3)政治学上的多元主权论,(4)心理学上的完形派心理学(Gestalt Psychology)等,都是这种趋势的集中表现。

20 世纪 20 年代,庞德就从推崇社会学法学的立场出发,号召实现法学各流派,法学和其他社会科学的联合。他指出,从 19 世纪末开始,所有的西方法学家都隐隐约约地感到仅靠某一种理论和方法是不可能完成法学家应该完成的任务的。他认为,法学研究的各种方法,包括历史的方法、分析的方法、哲理的方法、社会的方法和批评的方法(综合的方法)都是科学的、正当的方法。在他之后,越来越多的人认识到三大学派的片面性,希望建立一种全新的理论来振兴危机中的西方法学。综合法学的兴起正是这种思潮的反映。

法律作为一种社会规范现象,具有丰富的内涵、复杂的存在形态和运行机制。这为人们观察、研究、理解和掌握法律留出了广阔的空间。人们就采取了多种多样的视角和方法来研究法律。西方对法律的考察主要是由自然法学、分析法学和社会学法学所代表的主流观点。自然法学认识到法本源于人的类本质,认为这是"自然"的、自在自为的存在;它贴近人和人的需要。实在法必须以法(right)所表达的实践理性为指导,而使之成为"良法"。从自然法的理论中,人类容易看到自己的本性和相互之间的应有关系,感受到法的关怀,展现着美好的未来和希望。但由于自然法过于抽象和浪漫所带来的局限性,从古代、中世纪到现代,自然法思想如不死鸟一样不绝于史,坚持自然法思想的不乏其人,但各个社会阶段的社会制度却如此地不同,自然法是无法解释的。分析实证主义法学的产生,虽然依靠着 19 世纪自由主义的大背景,但片面的形式主义方法,使他们有意或无意地忽视人的类本质,抹杀人的自为的能动性,实证法律变成万能的至上法宝,甚至声称"恶法亦法"。虽然法律实证主义对于近代西方法治的发展作出了贡献,但从法律对人的关怀来说,却缺乏人情味。社会学法学认识到了人的类本质中的利益关系,从而把法当成调整利益关系的手段,甚至认为,取得或付出利益的行为就是法。与此同时,它并不是一般地否定,而是一般地肯定人的类本质中的道德成分。与自然法相比较，它把利益视为道德的核心，而道德却放入第二位，反映了经济和政治社会化的大趋势。然而，这个学派在自己的发展中也不乏个别鼓吹实证法律虚无的论调。[①]

对于三大法学派来说，出于不同的历史时期的需要，往往片面地只强调法律与上述联系的某一个方面，如自然法学强调法与一定的价值观的联系，认为法律是体现永恒正义的理性；分析法学只认识到法与国家权力的联系，认为法律是国家的命令，只从形式一面来关注法律；社会学法学只抓住法律与社会事实的关系，认为法律来自于社会事实，甚至认为社会事实就是法。这些对法律的认识，虽然都有部分的合理性，但从整体上来看是片面的。在中国传统的法学思想中，也存在着类似的问题，这就是儒家的道德主义和法家的工具主义的对立。法家的特点在于将法律当做考察行为的度量衡，提倡法律的形下的工具主义，强调法律能"兴功惧暴"、"定分止争"。这就是把法律作为实现功利的手段，利用法律来营造良好的社会秩序。法家的认识奠定在人性恶的理论基础之上，企图利用外部的力量来矫正人性。而儒家的特征在于"德主刑辅"、"以礼入法"的道德主义，它的主旨是启发人的内在觉悟，通过自律，适应人与生俱来的善的本性，实现社会秩序的和谐。法家与儒家在对待法律上的不同态度，也可以看出人们是从某一个侧面认识法律，分别注意到了法律的某一方面的特征而没有看到法律的全部。如何克服法学思维上的这种褊狭，人们都在思索着。

对克服这种法学认识上的片面，我国著名法学家孙国华教授提出，"法是'理'与'力'的结合，'理'是基本的，'力'是必要的"。[②] 孙国华教授指出："如果把统治阶级的正义观理解为'理'的重要因素之一，把国家权力理解为'力'，法正是'理'与

① 参见吕世伦《按照美的规律建造法——审美的法思维范式初探》，北京行政学院学报2003年第5期。

② 孙国华、朱景文：《法理学》，中国人民大学出版社1999年版，第42页。

‘力’的结合,而‘理’与‘力’又都是一定经济基础的产物。所以法的概念中的一个重要的方面一定是一定的事实关系,而这种事实关系的基础正是一定的经济关系。一定的经济关系归根结底决定着一定的社会关系秩序,这种秩序又体现着一定的正义观,受归根结底由该经济关系产生的国家权力的保护。这种与社会关系秩序、国家权力、一定的正义观的联系,也就是法这种特殊的社会规范的内在的、必然的三方面的基本联系。”①吕世伦教授则提出“按照美的规律建造法”②这一创造性论断。他认为,按照美的规律建造法,是一种审美的法思维范式,这种新的范式,最基本的是复现人的类本质即美的极限。这需要从两方面着手,一是正确地表达法的外在特征,二是正确地表达法的内在价值。这两种观点都是认识到传统的、只顾一点不及其余的传统法学思维方式的弊病,试图用一种东西来使之达到综合与统一。

综合法学是在第二次世界大战以后,许多法学家正在稳定情绪,茫然无措之际兴起的。它的兴起也并非“突然”,而是有其理论上的基础和现实的需要,它可以被看做是整个西方理论界(包括法学界)“综合”倾向的反映。它和三大法学派吸收其他派别的观点和方法以使本派的理论更加精致而实现独尊的合流不同,综合法学的目的是突破传统观念,囊括各家学说,一举振兴西方法学。它灵敏地反映出诸法学流派相互补充、相互渗透的演进趋势。但从综合法学企图统一整个西方法学的目的来说,实际情况却并不像他们设想的那么美妙。正如斯通在评论霍尔的学说时指出的,“说服所有法学家,不管他们有什么片面的观点,在一个‘作为行动的法’这一框架中来发挥他们的思想,这种目的尽管在思想上可取,但也许抱负过大”③。

---

① 孙国华、朱景文:《法理学》,中国人民大学出版社 1999 年版,第 42 页。

② 吕世伦《按照美的规律建造法——审美的法思维范式初探》,北京行政学院学报 2003 年第 5 期。

③ 转引自沈宗灵:《现代西方法理学》,北京大学出版社 1992 年版,第 461 页。

自然法学、分析主义法学、社会学法学分别以价值、形式和事实作为自己的研究对象,并展开长期论战。综合法学的代表人物看到了三大法学派的缺陷,指出法律是“形式、价值与事实的结合”。斯通认为法律中的三个要素:形式、价值、事实是不可分割地交织在一起的。考虑法律必须把这三个因素都考虑进去。博登海默也指出法律是一座有许多房间、凹角和拐角的大厦,用一盏灯同时照亮每个房间、凹角和拐角是不可能的,所以要建立一种能综合法的形式、事实和价值的“适当的法理学”,用法学家的“探照灯”照亮法律大厦的每个房间。伯尔曼试图采用协调冲突的辩证的思维模式来综合法律实证主义、自然法学和社会学法学,并建立超越它们的一体化的法理学。强调必须把各法学流派观察问题的角度综合到一起才能找到全面的法律真理。综合法学看到了法律是一个极为复杂的现象,从不同的角度去观察,往往会得出不同的结论。作为一门科学,法学对法律的价值、概念和事实三方面都要研究。法学既要研究法律现象本身,又要研究法律与其他社会现象的关系。综合法学关于从片面研究法律现象走向全面研究的主张,至少从方法论上说,是有积极意义的。但综合法学试图“综合”三大学派的思想又有许多缺点。

其一,综合法学对法律的研究的形式主义色彩很浓,多是现象描述和逻辑分析,虽将法的价值、形式和事实因素纳入法的概念之中,但它仅仅停留在对相应的自然法学、分析主义法学和社会学法学的观点的重复上,而并未对这些因素的丰富内容进行深入研究。综合法学的代表人物所追求的“综合”或“一体化”是达到自然法学、分析法学和社会学法学的一体化,这种一体化只是一种“量变”的综合,而没有达到综合的“质变”。对法的价值、形式和事实的阐述,综合法学基本上没有超出自然法学、分析主义法学和社会学法学的范围。三大法学派的错误在于顾此一点,不及其余,而综合法学的错误是面面俱到,失之轻重,从一个极端走到了另一个极端。

其二,综合法学对法的“质”分析较多,而对法的真正“本质”考察较少。他们对法的研究只是在现象的表层展开的,实际上并未真正触及本质。它对法的本质的研究,并未从整体上、从宏观上来认识法的本质,只是抽象地从微观的(实证法规范)角度进行的。它对法的性质及其作用等关注较多,而对法的阶级性缺乏认识。如博登海默就赞同庞德的观点,认为:“马克思理论将其侧重点完全放在了法律控制的阶级性方面,而没有足够地重视这样一个事实,即法律常常调整的是相互冲突的群体利益。”①而事实却是,马克思和恩格斯在分析资产阶级意识形态的本质时,揭示了法的本质。在马克思和恩格斯看来,资本主义社会的法和资产阶级的意识形态一样,都是资产阶级的生产关系和所有制关系的产物,都体现了统治阶级意志。只不过法是被“奉为法律”的意志,即由国家制定或认可为有国家强制力保障实施的规范而已。他们针对资产阶级写道:“你们的观念本身是资产阶级的生活关系和所有制关系的产物,正像你们的法不过是被奉为法律的你们这个阶级的意志一样,而这种意志的内容是由你们这个阶级的物质生活条件来决定的。”②这段话不仅揭示了法的形式特征(法律),而且也集中揭示了法的阶级意志性和物质制约性。对法的本质的这么深刻的揭示是综合法学没有做到,也无法做到的。

其三,综合法学认为多个因素和价值观念在制约、决定着法律。这似乎是很全面、准确和公正的观点,但实际上是不正确的。因为,决定法的诸因素并非是等同的。这些因素对法的作用和影响是有主次之分、重点与非重点之别的。马克思主义认为,法是特定物质生活条件制约的统治阶级意志的反映,在所有影响法的因素中,经济因素具有决定性的意义。马克思曾经指出:“只有毫无历史知识的人才不知道:君主们在任何时候

① 博登海默:《法理学－法哲学及其方法》,华夏出版社 1986 年版,第 202 页。

② 《马克思恩格斯选集》,第 2 版,人民出版社 1995 年版,第 289 页。

都不得不服从经济条件,并且从来不能向经济条件发号施令。无论是政治的立法或市民的立法,都只是表明和记载经济关系的要求而已。"①但是马克思等人也没有否认社会上层建筑范畴内的其他因素对法的影响。综合法学却有意无意地歪曲了马克思主义的法的本质理论,认为马克思主义仅仅注意到了"经济和法律之间的密切关系",而"对法律发展中的其他因素却没有予以足够的关注。权力关系、基本的生物事实、人类学资料、宗教信仰、意识和价值体系,以及最后但并非最不重要的是明显的理性命令,在对法律制度进行充分的社会分析中也应当得到适当的考虑"②。综合法学对待马克思主义法律理论的这种带有偏见并且不求甚解的非科学态度,无疑极大地妨碍了它从马克思主义法律理论中吸取科学营养,以深化其对法律的研究。

综合法学的努力在于寻找一种能照亮法学大厦的"探照灯",在他们构想的框架中装纳法学的一切学派。他们没有认识到,西方中的每一流派的繁荣都不是偶然的,都有其深刻的社会背景,它们都适应了特定时期、特定社会或特定社会集团的需要,或是体现了不同的法律文化传统。在当前仍然存在政治、经济和意识形态冲突的情况下,想在综合法学这一不封闭的容器中把它们全部装进去也多少带有一些理想的色彩。

---

① 《马克思恩格斯全集》,第4卷,人民出版社1958年版,第121~122页。

② 博登海默:《法理学－法哲学及其方法》,华夏出版社1986年版,第201~202页。

参考文献

中文部分：

1. 徐步衡主编《国外法学知识译丛·法学总论》,世界知识出版社 1982 年版。
2. 张宏生主编《西方法律思想史》,法律出版社 1986 年版。
3. 吕世伦:《法理的积淀与变迁》,法律出版社 2001 年版。
4. 吕世伦主编《西方法学思潮源流论》,中国人民公安大学出版社 1993 年版。
5. 吕世伦主编《当代西方理论法学研究》,中国人民大学出版社 1997 年版。
6. 吕世伦主编《法的真善美:法美学研究》,法律出版社 2004 年版。
7. 吕世伦、谷春德主编《西方政治法律思想史》(上、下),辽宁人民出版社 1987 年版。
8. 吕世伦主编《现代西方法学流派》(上、下),法律出版社 2000 年版。
9. 孙国华、朱景文主编《法理学》,中国人民大学出版社 1999 年版。
10. 孙国华:《马克思主义法理学研究:关于法的概念和本质的原理》,群众出版社 1996 年版。
11. 沈宗灵:《现代西方法理学》,北京大学出版社 1992 年版。
12. 张文显:《二十世纪西方法哲学思潮研究》,法律出版社 1996 年版。
13. 徐大同主编《现代西方政治思想》,人民出版社 2003 年版。
14. 刘放桐主编《新编现代西方哲学》,人民出版社 2000 年版。
15. 上海社会科学院编译:《法学流派与法学家》,知识出版社 1981 年版。

16. 薄振峰:《当代西方综合法学思潮》,法律出版社 2005 年版。
17. 吴经熊:《法律哲学研究》,清华大学出版社 2005 年版。
18. 李红海:《普通法的历史解读:从梅特兰开始 》,清华大学出版社 2004 年版。
19. 吕世伦:《法理念探索》,法律出版社 2002 年版。
20. 王哲主编《西方政治法律学说史》,北京大学出版社 1988 年版。
21. 张乃根:《西方法哲学史纲》,中国政法大学出版社 1993 年版。
22. 徐爱国:《破解法学之谜:西方法律思想和法学流派》,学苑出版社 2001 年版。
23. 刘星:《法律是什么》,中国政法大学出版社 1998 年版。
24. 何勤华:《西方法学史》,中国政法大学出版社 1996 年版。
25. 许章润:《法学家的智慧——关于法律的知识品格与人文类型》,清华大学出版社 2004 年版。
26. 许章润主编《萨维尼与历史法学派》,广西师范大学出版社 2004 年版。
27. 翟志勇主编:《罗斯科 · 庞德:法律与社会》,广西师范大学出版社 2004 年版。
28. [美]霍姆斯:《法律的生命在于经验》,明辉译,清华大学出版社 2007 年版。
29. [英]韦恩 · 莫里森:《法理学——从古希腊到后现代》,李桂林等译,武汉大学出版社 2003 年版。
30. [美]列奥 · 施特劳斯、约瑟夫 · 克罗波西:《政治哲学史》,李天然等译,河北人民出版社 1998 年版。
31. [美] 博登海默:《法理学 - 法哲学及其方法》,邓正来等译,华夏出版社 1986 年版。
32. [德]H. 科殷《法哲学》,林荣远译,华夏出版社 2002 年版。
33. [英]梅因:《古代法》,沈景一译,商务印书馆 1996 年版。
34. [奥]凯尔森:《法与国家的一般理论》,沈宗灵译,中国大百科全书出版社 1996 年版。
35. [美]罗斯科 · 庞德:《通过法律的社会控制、法律的任务》,

沈宗灵等译，商务印书馆 1984 年版。
36. [美]罗斯科·庞德:《法理学》,邓正来译,中国政法大学出版社 2004 年版。
37. [美]罗斯科·庞德:《法律与道德》,陈林林译,中国政法大学出版社 2003 年版。
38. [美]罗斯科·庞德:《法律史解释》,曹玉堂译,华夏出版社 1989 年版。
39. [美]罗斯科·庞德:《普通法的精神》,唐前宏等译,法律出版社 2001 年版。
40. [德]萨维尼:《论立法与法学的当代使命》,许章润译,中国法制出版社 2001 年版。
41. [英]边沁:《道德与立法原则导论》,时殷红译,商务印书馆 2002 年版。
42. [美]哈罗德·伯尔曼:《法律与革命——西方法律传统的形成》,贺卫方等译,中国大百科全书出版社 1993 年版。
43. [美]哈罗德·伯尔曼:《法律与宗教》,梁治平译,三联书店 1991 年版。
44. [英]约翰·奥斯丁:《法理学的范围》,刘星译,中国法制出版社 2002 年版。
45. [英]J. M. 凯利:《西方法律思想简史》,王笑红译,法律出版社 2002 年版。
46. [美]乔治·霍兰·萨拜因:《政治学说史》,盛葵阳等译,商务印书馆 1986 年版。
47. [法]勒内·罗迪埃尔:《比较法概论》,陈春龙译,法律出版社 1984 年版。
48. [美]哈罗德·D. 拉斯韦尔:《政治学:谁得到什么? 何时和如何得到的》,杨昌裕译,商务印书馆 2003 年版。
49. [苏]莫基切夫:《政治学说史》,中国社会科学院法学研究所编译室译,中国社会科学出版社 1979 年版。
50. [英]哈特:《法律的概念》,张文显等译,中国大百科全书出版社 1996 年版。
51. [美]卢埃林:《普通法传统》,陈绪纲等译,中国政法大学出版社 2002 年版。
52. [美]罗尔斯:《正义论》,何怀宏等译,中国社会科学出版社 1988 年版。
53. [德]罗伯特·阿列克西:《法律论证理论》,舒国滢译,中国法制出版社 2002 年版。
54. [英]戴雪:《英宪精义》,雷宾南译,中国法制出版社 2001 年版。
55. [美]本杰明·卡多佐:《法律的成长、法律科学的悖论》,董炯等译,中国法制出版社 2002 年版。
56. [美]本杰明·卡多佐:《司法过程的性质》,朱苏力译,商务印书馆 1998 年版。
57. [德]伯恩·魏德士:《法理学》,丁小春等译,法律出版社 2003 年版。
58. [德]拉德布鲁赫:《法学导论》,米健等译,中国大百科全书出版社 1997 年版。
59. [德]阿图尔·考夫曼、温弗里德·哈斯默尔主编:《当代法哲学和法律理论导论》,郑永流译,法律出版社 2002 年版。
60. [英]密尔松:《普通法的历史基础》,李显冬等译,中国大百科全书出版社 1999 年版。
61. [法]孟德斯鸠:《论法的精神》,张雁深译,商务印书馆 1982 年版。
62. [英]边沁:《政府片论》,沈叔平译,商务印书馆 1997 年版。

英文部分:

63. Julius Stone, The Province and Function of Law: Law as Logic, Justice and Social Control, Sydney: Associated General Publications Pty Ltd,1946.

64. Julius Stone, Legal System and Lawyer' Reasoning, Stanford: California Stanford University Press, 1964.
65. Julius Stone, Human Law and Human Justice, Maitland Publications Pty Ltd, Sydney, 1965.
66. Julius Stone, Social Dimensions of Law and Justice, Stanford University Press, 1966.
67. Julius Stone, International Guarantees of Minority Rights: Procedure of Council of the League of Nations in Theory and Practice, Oxford University Press, 1932.
68. Julius Stone, Regional Gurantees of Minority Rights: A Study of Minorities Procedure in Upper Silesia, The Macmillan Company, 1933.
69. Jerome Hall, Foundation of Jurisprudence, Bobbs - Merrill Company, Inc. 1973.
70. Julius Stone, Recent Trends of English Precedent, with a Comparative Introduction on the Civil Law, Associated General Publications Pty Ltd, Sydney, 1945 .
71. Julius Stone, Precedent and Law: Dynamics of Common Law Growth, Butter - worth Pty Ltd, Sydney: 1985.
72. Jerome Hall, Living Law of Democratic Society, Bobbs - Merrill CompanyInc. 1949.
73. Leonie Star, Julius Stone: An Intellectual Life, Oxford University Press in association with Sydney University Press, 1996.
74. Howard O. Hunter, The Integrative Jurisprudence of Harold J. Berman. Westview Press, 1996.
75. Lord Wright, Legal Essays and Addresses, Cambridge University Press, 1939.
76. Jerome Hall, On Jurisprudence and Criminal Law ,1958.
77. L. L. Fuller, The Morality of Law, Yale University Press, 1964.

78. Chaim Perelman, The New Rhetoric and The Humanities, Essays on Rhetoric and Its Applications, D. Reidel Publishing Co, 1979.
79. Chaim Perelman, Justice, Law, and Argument, D. Reidel Publishing Company, 1980.
80. Edgar Bodenheimer, Jurisprudence: The Philosophy and Method of The Law (Revised edition), Harvard University Press, 1981.
81. Stig Jorgenson, Pluralis Juris, Aarhus University Press, 1982.
82. Stig Jorgenson, Reasons and Reality, Aarhus University Press, 1982.
83. Harold · D. Lasswell and Abraham Kaplan, Power and Socity: a Framework for Political Inquiry, London: Routledge, 1998.
84. James L. Golden and Joseph J. Pilotta, Practical Reasoning in Human Affairs: Study in Honor of Chaim Perelman, D. Reidel Publishing Co, 1986.
85. J. W. Harris, Legal Philosophies, London: Butterworth, 1980.
86. Stig Jorgenson, Faces of Truth, Aarhus University Press, 1992.
87. Julius Stone, The Golden Age of Pound, Sydney Law Review, 4, 1962, p. 34 ~ 50.
88. Julius Stone, A Critique of Pound's Theory of Justice, Iowa Law Review, 51, 38, 1935.
89. Julius Stone, Rosco Pound and Social Jurisprudence, Harvard Law Review, 78, 1965.
90. Julius Stone, Justice in the Slough of Equality, The Hastings Law Journal, 29, 1978.
91. Julius Stone, Justice, Language and Communication, Vanderbile Law Review, 14, 1960.
92. Julius Stone, Equal Protection and The Search for Justice, Arizona Law Review, 22, 1980.

93. Julius Stone, Uncommitted Relativism in Modern Thoeries of Justice, Southwestern Law Journal, 16, 1962.
94. Julius Stone, Law and Social in the Age of Rosco Pound, A Memorial, Israel Law Review, 1, 1966.
95. Julius Stone, The School: A Quarter Century Retrospect, Harvard Law School Bulletin, 8, 1957.
96. Julius Stone, Law, 1840 and After, Auckland University College Bulletin, 32, 1939.
97. Julius Stone, Recent Trends in English Precedent, Associated General Publications, Sydney, 1945.
98. Julius Stone, Burden of Proof and the Judicial, Law Quartersly Review, 60, 1944.
99. Julius Stone, The Way of Judge with a Principle— A Tribute to Professor Chaim Perelman, Northern Kentucky Law Review, 12, 1985.
100. Julius Stone, Reasons and Reasoning in Judicial and Juristic Argument, Rutgers Law Review, 18, 1964.
101. Julius Stone, Mystery and Mystique in the Basic Norm, Modern Law Review, 21, 1963.
102. Julius Stone, On the Liberation of Appellate Judge—How Not To Do It! Modern Law Review, 35, 1972.
103. Julius Stone, 1966 and All That! Losing the Chains of Precedent, Columbia Law Review, 69, 1969.
104. Holmes, The Law as a Profession, American Law Review, 1986, 20, 741.
105. K. N. Llewellyn, Some Realism about Realism, (1931) 44, Harvard Law Review, 1222.
106. A. L. A. Hart, Philosophy of Law and Jurisprudence in Britain (1945—1952), America Journal of Comparative Law (1953), 355 ~364.

107. Pound, Mechanical Jurisprudence, 8, 1908, California Law Review. 605.

108. Lord Reid ,The Judge as Law Makers ,Journal of The Society Public Teachers of Law, 12, 1972 - 1973.

109. Hans Kelsen, Professor and The Pure Theory of Law, Stanford Law Review,17,1965.

110. Martin Krygier, Julius Stone: Leeways of Choice, Legal Tradition and The Declaratory Theory of Law, UNSW Law Journal, 9,1986.

111. Jerome Hall, Integrative Jurisprudence, in Studies in Jurisprudence and Criminal Theory, New York,1958.

112. Jerome Hall, Reason and Reality in Jurisprudence,7, Buffalo Law Review,1958.

113. Max Rheinstein, review of Julius Stone, The Province and Function of Law, in University of Chicago Law Review, 16, 1948 - 1949.

114. J. D. Hyman, Concerning The Responsibility and Carftsmanship of Judge: A Review of Julius Stone' Legal System and Lawyers' Reasonings, in Buffalo Law Review.

115. Felix S. Cohen, review of Julius Stone, The Province and Function of Law, in Yale Law Journal, 59,1949.

116. Robert S. Summers, review of Julius Stone, Legal System and Lawyers' Reasonings in California Law Review,53,1965.

117. B. J. Geoge Jr, review of Julius Stone, Legal System and Lawyers' Reasonings in University Kansas Law Review,13,1965.

118. Frederick J. Moreau , review of Julius Stone, Legal System and Lawyers' Reasonings in Hastings Law Journal, 17, 1965 ~ 1966.

119. Charles Boasson, review of Julius Stone, Legal System and Lawyers' Reasonings in Israel Law Review,1,1966.

120. P. H. Partridge, review of Julius Stone, Human Law and Human Justice in Federal Law Review, 2, 1966.

121. Jerome Hall, review of Julius Stone, Human Law and Human Justice in George Washington Law Review, 34, 1965 ~ 1966.

122. Samuel I. Shuman, review of Julius Stone, Human Law and Human Justice in University of California Los Angeles Law Review, 13, 1965 ~ 1966, p. 1446.

123. A. R. Blackshield, The Enclave of Justice: The Meaning of a Jurisprudential Metaphor, Maine Law Review, 19, 1967.

124. Julius Stone, Law – As – Action and Integrative Jurisprudence, The Hastings Law Journal, 26, 1975.

125. Cecil A. Wright, Stone on Jurisprudence, University of Toronto Law Journal, 1947 ~ 1948.

126. R. Pound, review of Julius Stone, The Province and Function of Law in Harvard Law Review, 1946.

127. Bernie R. Burrus, review of Julius Stone, Legal System and Lawyers' Reasongings, 5, 1966, p. 854.

128. F. C. Hutley, Logic and the Legal Process: A Critique of Law and Logic as Expounded by Professor Julius Stone, University of Western Australia Annual Law Review, 1, 1949.

后 记

六年以前,我进入中国人民大学法学院,师从吕世伦教授研习法理学和法律思想史。当时法律出版社正和吕世伦教授商谈出版一套西方法学流派和法学思潮的丛书,我有幸承担了其中有关西方综合法学思潮的写作。从收集材料到写作再到修改,前前后后用了将近一年的时间。那本小册子的写作接近尾声的时候,我也要准备我的论文开题报告。吕老师建议我以综合法学中的主要代表人物斯通作为研究对象来完成我的博士论文。经过导师以及孙国华、朱景文、朱力宇、冯玉军等老师的指导,基本确定了写作大纲。虽然基本思路已经确定下来,但写作过程却异常艰辛。首要的障碍就是收集与消化材料上的困难,对斯通及其所代表的学派,在国内尚无专门的研究,可参考的中文资料少之又少,不得已只得向海外求助,后来陆陆续续从美国、澳大利亚收集到了所需要的材料。材料有了,消化与吸收也成了大问题,由于英语水平有限,工作进度慢得出奇,有时从早上七点干到晚上十二点,才整理出几百个字,有的还被弄得佶屈聱牙,毫不可用。因为觉得可能坚持不下去,多次想到要放弃,经过师友们的鼓励与支持,历经一年半的煎熬,终于在答辩前把它完成了。在论文答辩会上,答辩委员都给出了肯定的评价。转眼三年过去了,想起论文写作时的情景,总有无限的感慨。

从人大毕业以后,我到了中国人民公安大学法律系工作。

去清华大学拜访许章润教授的时候，许教授建议我对综合法学兴起的背景、主要代表人物的思想及其与其他学派思想的沟连进行深入的分析，对原有篇幅进行大规模的扩充以后收入他所主持的法意文丛出版，许教授又对论文的修改提出了很多积极的建议。正当我激情万丈地准备对论文进行修改与扩充的时候，学校派新来的老师去做辅导员与管理学生的中队长，我从此开始了早晨带学生跑操，晚熄灯后查学生是否按时归宿的工作，并且一干就是两年。这两年期间，我根据新的材料与体会，整理出了几篇文章，先后在《环球法律评论》、《清华法学》、《东岳论丛》等刊物发表，但对论文作大规模的修改与扩充已成了心有余而力不足的事情了。一年前，承吕世伦教授和徐爱国教授厚爱，将我的论文的主干部分在二位教授主持的西方法律思想家丛书出版，考虑到大的修改可能还遥遥无期，经过简单的压缩与修改，于是就有了这本小书目前的规模。

本书的写作与出版感谢多位师长与朋友的帮助，首先要感谢的是我的两位导师张中秋教授和吕世伦教授，他们不嫌我的愚钝与疏懒，将我引上了学术之路，在我困顿与迷茫时，是他们给我鼓励与力量，他们期待的目光，是我前进的方向。感谢许章润教授这么多年的支持与关怀，每每想起许教授对我美意提携，却因为我的懒散而使原定的工作一拖再拖，我都有无限的愧疚。感谢我的表兄黄建立先生，感谢他远隔重洋给我源源不断地寄回了所需的材料。在这里我还要感谢一位不曾谋面的朋友，澳大利亚悉尼大学的海伦·欧文(Helen Irving)教授，因为在国内很难找到相关的材料，我抱着试试看的心情给她写信请求帮助，她给我寄来了关键性材料，使我的文章得以顺利完成。感谢徐爱国教授和孟庆吉编辑对本书出版所做的辛苦工作，也感谢他们对我疏懒的容忍。感谢我的父母和我的妻子，父母年已八旬，还在关心着我的工作与生活，而我却身如浮萍，不能尽孝,每念至此,潸然泪下。感谢我的妻子程玉敏女士,感谢多年来她对我工作的支持。

薄振峰
2008 年 11 月 26 日
于北京至武汉旅次